[あじあブックス]
062

天狗はどこから来たか

杉原たく哉

大修館書店

まえがき

昨今、ファンタジー小説『ハリー・ポッター』シリーズ（J・K・ローリング著）が世界中の子供たちの間で大人気となっている。イギリスの架空の魔法学校ホグワーツを舞台に、少年ハリーと仲間たちが大活躍するストーリーで、魔女や魔法使い、さまざまな魔物たちが登場し、夢と冒険に満ちた幻想世界が展開する。小説シリーズは次々と映画化もされ、大人たちまで巻き込んで、社会現象ならぬ世界現象ともいうべき大ブームを巻き起こし、いまやファンタジー文学を超えた「世界の古典」の趣まで漂わせている。

さて、ホグワーツ魔法学校では、立派な魔法使いを養成するための多種多様な授業が行われている。そうした授業のなかで、ハリーが日本の妖怪「天狗」についても学んでいることをご存じだろうか。ホグワーツの教科書に記載された唯一の日本の妖怪が天狗なのである。

ローリング本人が書いたホグワーツ校指定教科書〈II〉『クィディッチ今昔』（静山社、二〇〇一年）によれば、空飛ぶ箒《ほうき》に乗って戦う魔法世界の人気競技クィディッチ、そのプロチームで日本最強を誇るのが「トヨハシ・テング（豊橋天狗）」なのだという。翼があって自在に飛行し、羽団扇《はねうちわ》を持つ伝説の妖怪で、負けると自分たちの箒を燃やしてしまう伝統を持つという。もちろん愛知県豊橋市にそんな天狗の伝説があるわけではなく、まったくのローリングの創作だが、彼女も日本の天狗の存在は知っていたのである。

日本人なら誰もが知り、世界で最も有名な日本の妖怪「天狗」。水木しげるの「ゲゲゲの鬼太郎」を除けば、国内でも人気はトップだろう。

それほど有名でありながら、実は天狗の素性については、意外なほどに不明なのである。中国古代の天体現象についての記録にその淵源があることは、すでに明らかとなっている。だが、それがなぜ日本の平安時代後期に、突如妖怪として登場し、跳梁跋扈《ちょうりょうばっこ》するようになるのか。それも最初から中国の天狗とまったく異なる姿で現れるのは、なぜなのか。種々の事例から、日本の天狗が仏教と強いつながりを持っていることが明白であるにもかかわらず、諸々の仏教経典のなかに天狗の位置づけを示す記述がないのはなぜか。こうした根本的な問題が未解決のままなのである。

出自の不明さを残したままの唐突な出現の仕方にもかかわらず、天狗は日本史の闇の世界で大活躍を続け、破竹の勢いで妖怪世界のヒエラルキーを昇りつめていった。その人気ゆえ、民俗学・歴史学・思想史や文学研究など、学問の世界でも多くの学者を引きつける研究テーマとなっており、これまでにたくさんの著作・論考が上梓されてきた。それにもかかわらず、右に記した根本問題はいまだ解決に至っていない。

振り返って見れば、こうした研究のほとんどは、「出現後の天狗がいかに日本人の心の闇に食い込み、活動領域を広げていったのか」という問題を、さまざまな角度から解き明かしていくことに費やされているように思える。近年、説話文学研究のジャンルで、天狗説話の生成過程を解き明かす鍵ともなる研究成果が次々と発表され、研究の緻密さ、奥深さは一段と増してきている。だが、天狗がなぜ、どのようなメカニズムによって日本社会に出現したのか、という根源的な問題解決への方向性が、なかなか見えてきていないことも事実であろう。また、学問諸分野が縦割り行政的になり、天狗の全体像が見えにくくなっている観も否めないのである。

筆者は、こうした状況を打開する手段のひとつとして、「図像学《ずぞうがく》」が有効であると考えている。図像学は美術史学の一ジャンルで、比較的新しい研究手法である。世間では「ずしょうがく」としばしば誤読されるなど、まだまだ認知度は低いが、これがなかなかのスグレ物なのだ。絵画や彫刻などの芸術作品を視覚イメージとしてとらえ、それが持つ意味や由来を探求するだけでなく、その奥に潜む精神や文化、社会的役割やメッセージ、歴史意識などを明らかにしていこうとするものである。

イメージが視覚を通して人間の心に与えるインパクトは、むしろ文字よりも強力である場合が多い。ピカソの「ゲルニカ」やオリンピックの五輪マークを持ち出すまでもなく、百万言を費やして語られる思想や文化、メッセージを、たった一枚の絵やシンボルマークで表すことが可能なのである。それゆえ古代以来、国家から個人に至るまで、さまざまなレベルでイメージは積極的に利用されてきた。テレビや映画、インターネットなどが普及する現代においてはなおさらで、イメージ資料なしに現代社会や文化を語り尽くすことは不可能であろう。

逆にいえば、一枚の絵やひとつのシンボルマークの背後には、作者が意識するしないにかかわらず膨大な社会的言説が沈潜していることになり、そうした背景をあぶり出すためには、歴史学・思想史・文化史・科学など、多様な角度からの考察が必要となろう。「イメージの持つ社会的・歴史的意味を、諸領域の学問的成果を援用しつつ明らかにしていく手法」、あるいは「さまざまな学問領域を積極的に交錯させながら、イメージと社会との関わりを明らかにしていこうとする手法」、それが図像学である。エミール・マールやゴンブリッチ、パノフスキーといった図像学のスター学者たちの名を挙げて解説を綴るというのは、筆者の趣味ではないので、ここではやめておく。

従来、日本の美術史学の世界では、作家論・様式論が研究の中心となり、図像学は補助的なアプローチとして扱われてきた。だが、図像学は、美術作品群を作家論・様式論・真贋論の枠組みから解放し、より広い意味での歴史文化資料として位置づけ、文献だけでは窺い知ることのできない知の構造を明らかにしていこうとするものであり、むしろ美術史学よりも広範な文化史研究手法といえるのではないだろうか。

簡単にいってしまえば、「宝の山をアートの枠組みに閉じ込めておくのはもったいないよね！」ということなのである。利便性と柔軟性に富んだアプローチ法として、最近、文化史全般で盛んに活用されるようになってきた。イメージ・データをもとに、学問諸分野の垣根を次々と乗り越えて根源に迫っていく図像学は、サッカーにたとえるなら、中盤での華麗で緻密なパス回しよりも、縦の攻めで大胆にシュートを狙っていく、多少荒っぽいがたくましさを秘めた攻撃手法とでもいおうか。ここでは天狗論をそのひとつの試みとして提示してみたい。

筆者としては、一応、ディフェンスをかいくぐり、シュートを放ったつもりでいる。そのボールは、果たして見事ゴール・ネットを揺らしたか、惜しくも枠からはずれたか、あるいはあさっての方向に飛んで行ってしまったか。その判定については、お読みいただいた上で、諸賢のご高見を仰ぎたいと思う。

目次

第一章

天狗は空から降ってくる

1　空から降る怪異

新春の怪現象

まだ正月気分も覚めやらぬ、一九九六年一月七日のことであった。

静かな日曜の午後、冬空は青く澄み、風もなく、穏やかな一日がいつものごとく終わろうとしていた。時計の針は四時半近くを示し、傾いた日が西の空を赤く染め始める。

「ドーン！」

突如、強烈な爆発音が響きわたり、ゆったりとした静寂は引き裂かれた。

尋常な音ではない。家々の窓は激しく震えた。何事が起こったのかと、ある人は窓の外を見、ある人は道路へ出てあたりを見わたす。だが、音の正体をつきとめることはできない。

多くの人々は、この怪現象に不安をいだき、気象庁や各地の警察・消防署に、「何が爆発したのか」という問い合わせの電話をかけ始めた。関東一円に轟きわたるほどの強烈な音であったようだ。殺到する電話に対応した役所の人々も、現象自体は体験している。「何かがあった」ということはわかっていた。だが、すぐには原因を特定できず、「不明です」「調査中です」と答えるのみであった。

たまたま空を見上げていた人々のなかに、不思議な現象が起こっていることに気づく者がいた。東京のあるガソリンスタンドの店主は、空を花火のようなものが南西から北東に向かって、火の粉を散らしながら落ちていくのを見ている。後には、白い煙の線が航跡として残っていた。

外でバドミントンをしていて、東の空に光る物体を見た人もいた。「音もなく、明るい光が真下に落ち、光の通った後には、白い煙のようなものが残った。一、二秒後、花火が散るように光と煙が広がって、ぱっと消えた」とその状況を説明する。

上空からの落下物を拾った人もいた。つくば市の道路を自動車で走っていた専門学校生は、前方五〇メートルの路上に、何かが落下するのを見た。すぐに車をおりて調べると、直径五センチほどの小石が落ちていた。恐る恐る触ってみると妙な温かみがあった。

天文研究家として著名な藤井旭氏は、この日、たまたま飛行機雲の写真を撮影していて、この怪現象に遭遇した。それは銀色の細長い雲のように空を横切り、蛍光灯のような光を発していた。藤井氏は、隕石落下の痕跡であると直観し、夢中でシャッターを切ったという（図1）。その雲は五

図1　発光物体の痕跡

十分ほどで消えた。

全国のアマチュア天体観測家たちは、直後から、パソコン通信（当時はこう呼ばれていた）で活発に情報交換を始め、データを集めて計算に取り組んだ。怪現象の正体は、やはり隕石であった。関東上空五〇〜六〇キロの高さで爆発したという。専門学校生が見つけた小石はその破片であった（図2）。

天狗は中国の妖怪

「流星」もしくは「隕石」、それが天狗のもともとの正体である。いまの私たちがよく知る、鼻が高く赤ら顔で山伏姿の天狗は、江戸時代以降に定着したイメージだ。天狗の長い歴史のなかでは「新参者」といってよい。

天狗には、中国古代から日本の現代にまで至る二千年以上の長い歴史があり、その間、幾度も姿を変えてきた。天狗の記録の初出は古代中国にある。本来は中国の妖怪なのだ。司馬遷の『史記』天官書には、次のように記されている。

天狗は、その姿は大流星のようで、音（原文「声」）がする。落ちて地に止まると狗（いぬ）のように見える。落下するさまを目撃すると、火の玉のようであり、炎炎《えんえん》と燃え盛って天をつくようである。その下の方は円くなって数頃《けい》（「頃」は面積の単位）の田ほどの広さとなっている。上の方は鋭く尖っていて、黄色味を帯びている。千里の内で、軍が敗れ、将軍が殺される。

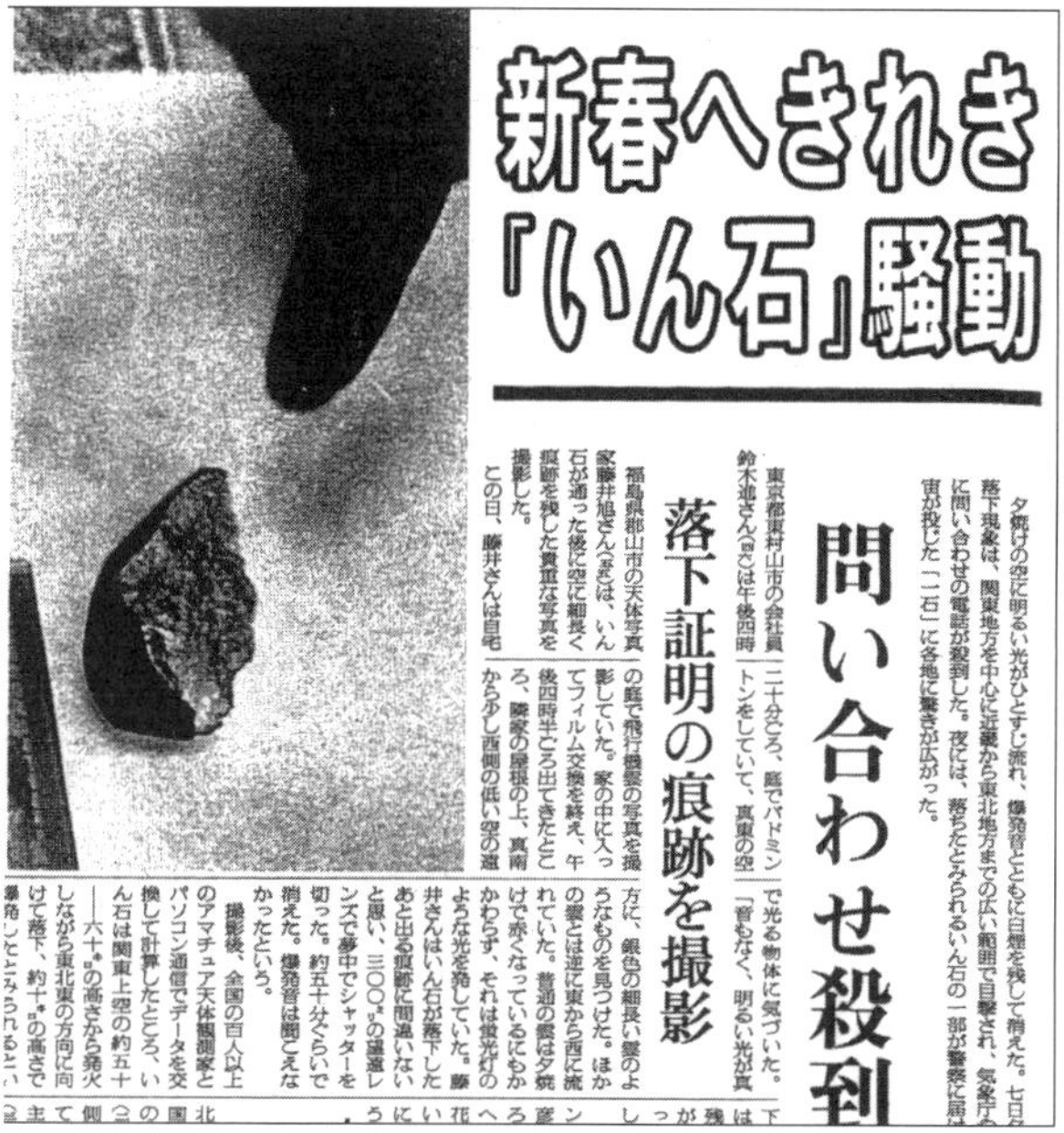
新春へきれき「いん石」騒動

問い合わせ殺到

夕焼けの空に明るい光がひとすじ流れ、爆発音とともに白煙を残して消えた。七日夕
落下現象は、関東地方を中心に近畿から東北地方までの広い範囲で目撃され、気象庁な
に問い合わせの電話が殺到した。夜には、落ちたとみられるいん石の一部が警察に届け
宙が投じた「一石」に各地に驚きが広がった。

東京都東村山市の会社員鈴木進さんは午後四時二十分ごろ、庭でバドミントンをしていて、真東の空で光る物体に気づいた。「音もなく、明るい光が真

落下証明の痕跡を撮影

福島県郡山市の天体写真家藤井旭さんは、いん石が通った後に空に細長く痕跡を残した貴重な写真を撮影した。

この日、藤井さんは自宅の庭で飛行機雲の写真を撮影していた。家の中に入ってフィルム交換を終え、午後四時半ごろ出てきたところ、隣家の屋根の上、真南から少し西側の低い空の東方に、銀色の細長い雲のようなものを見つけた。ほかの雲とは逆に東から西に流れていた。普通の雲は夕焼けで赤くなっているにもかかわらず、それは蛍光灯のような光を発していた。藤井さんはいん石が落下したあと出る痕跡に間違いないと思い、三〇〇ミリの望遠レンズで夢中でシャッターを切った。約五十分ぐらいで消えた。爆発音は聞こえなかったという。

撮影後、全国の百人以上のアマチュア天体観測家とパソコン通信でデータを交換して計算したところ、いん石は関東上空の約五十――六十キロの高さから発火しながら東北東の方向に向けて落下、約十キロの高さで爆発したとみられるとい

図2　隕石騒動を伝える新聞記事

中国の天狗は「テング」ではなく、「テンコウ」と読む。隕石は、空中での衝撃波や爆発、地上への落下などにより、大音響を発する。それを犬の「吠え声」にたとえているのである。確かに番犬に急に吠えられるとギョッとするものだ。そうし

た驚きが、この「音（声）」には込められている。

地に落ちて「狗」となるわけだが、それではなぜ「天犬」としなかったのか。「犬」という字は、犬の姿をそのまま象形化したものである。それに対して「狗」は、「犬」を単純化した「犭」を偏《へん》とし、コウという音を表す旁《つくり》の「句」との組み合わせでできている。後漢の許慎《きょしん》の『説文解字《せつもんかいじ》』によれば、「句」は「犬が気を叩くこと、つまり吠えて守ること」の意であるという。狗には「子犬」という意味もあるが、隕石としての天の狗（いぬ）は、その特徴である爆発音ゆえに、「吠えかかる犬」のイメージをもとにしていると考えるべきであろう。

隕石は、球形の火の玉として落ちてくる。『史記』が「下の方は円く、上の方は鋭く尖っていて、黄色味を帯びている」というのは、まさに隕石の正確な描写といってよい。宇宙の塵や小天体のような物体が大気圏に突入すると、空気との摩擦熱で燃え出し、地上からは光る球体として見える。これが流星である。

大きな物体ほど、発する光も強くなる。きわめて明るい流星、つまり金星（マイナス四等星）の明るさ以上のものを、天文学では「火球《かきゅう》」という。幽霊の「火の玉」とは字が違う。流星の飛行時間はだいたい三十秒以下で、地上に落下した場合に「隕石」と呼ばれる。

流星は超音速物体である。音速を超えたジェット戦闘機のように、大気中を進むとき衝撃波を発する。火球を頂点とした円錐形の衝撃波面（マッハ・コーン）が地上の広範囲に達し、「ドーン」という轟音として響きわたるのである。マイナス一〇等級以上の明るさを持つ大火球の衝撃波は、地面をも振動させ、各地の地震計に記録されることも多い。一九九七年十二月九日、グリーンランドの大氷原に落下した隕石の場合は、空中爆発を起こした。それはTNT火薬六四トン分に相当する規模であったという(『日経サイエンス』一九九九年二月号)。火球による大爆音は、日本では年に一度、あるいは数年に一度のわりで発生している。火球が通った後に煙のスジを残すことがあり、これを流星痕《りゅうせいこん》という。図1がそれにあたる。

人類にとっても脅威

隕石が落ちるということは、『史記』がいうように、古代中国では「戦乱で軍が敗れ、将軍の死がもたらされる予兆」と考えられていた。隕石や地震などの天変地異は、全宇宙を支配する天帝が人間に対して発する「警告」、もしくは「怒り」と解釈されていたからである。隕石は、まさに天から降ってくる災い、「天災」の典型であった。だから天狗は、きわめて凶悪で恐ろしい存在なのである。

話は大きくそれるが、いまから約六千五百万年前、メキシコ湾のユカタン半島に巨大隕石が落下した。核爆弾に換算すれば一億メガトンに相当するというその衝撃はすさまじく、地球全体が大火災と大津波に襲われた。そして成層圏までまき散らされた大量の塵によって太陽光線がさえぎられ、長い冬の時代、寒冷の年月が続いた。当時、衰退の兆しを見せつつも、まだ地球上に生物界の王者として君臨していた恐竜は、これにより絶滅したといわれている。恐竜の時代「中生代」と哺乳類の時代「新生代」を分ける、地球生命史上きわめて重要な事件であった。

中生代と新生代の地層の境目に「K／T境界層」という特殊な地層があり、世界中で確認されている。そこに隕石由来物質「イリジウム」が大量に含まれていることから、恐竜の絶滅に隕石が関係していたらしいということは、かなり以前から予測されていた。近年、ユカタン半島沖の海底に巨大なクレイターの痕跡が見つかって、隕石による地球生物の大量絶滅は、ほぼ定説となりつつある。

中生代に、恐竜などの大型捕食生物を恐れて、モグラのように地中に巣くっていた夜行性の鼠類がいた。隕石による大量絶滅の時代を地中で生き延び、やがて恐竜などの捕食者のいなくなった地上を闊歩し始めた。いまの哺乳類は、彼ら鼠たちの進化の結果だと考えられている。人間の祖先は類人猿あたりからとするのが普通だが、類人猿は、人類の進化過程の「最後の最後」に登場するもので、もう少しさかのぼれば鼠に行き着くのである。

六千五百万年という歳月は、気の遠くなるような長い期間のようにも思える。だが、四十五億年の地球の歴史と、単細胞生物から始まる三十億年の生命の歴史に比べれば、ほんの一瞬にすぎない。その一瞬に生物界に劇的変化が起こり、鼠は人間に変化し、全地球を支配することとなった。

隕石というものは地球や生物にとって、最も大きな影響を与える自然現象である。この先、急に巨大隕石が落ちてきて、恐竜のように、人類が絶滅してしまうこともありうるのだ。

さらに古い時代までさかのぼれば、地球に相当大きな天体が衝突し、その際に宇宙に飛散した大量の物質が再集結し、地球の引力とバランスを取りつつ回転し出したものが、いまの「月」だという。全世界の核爆弾を一カ所に集めて爆発させても、直径一・六キロの隕石の衝撃に及ばない。そこまで巨大とはいわなくとも、直径一〇メートル程度の隕石でさえ、核爆弾よりはるかに大きな威力があるといわれる。

天狗の正体は、「人類を滅ぼす可能性を持つ恐ろしい怪物」である。ずいぶん前の話だか、「空から大魔王が降ってきて地上にハルマゲドンをもたらす」と予言した書物がベストセラーとなり、世間も大騒ぎしたことがあった。ノストラダムスの大予言にあるという大魔王とは、中国世界の名称でいえば「天狗」ということになる。しばらく前にヒットしたアメリカ映画『アルマゲドン』や『ディープ・インパクト』は、そうした隕石や小天体による危機から人類を救うというストーリーになっている。もし、中国古代にそんな映画が公開されたら、おそらくタイトルは『天狗!』『天狗2』などとなっていたはずだ。

岡本太郎と天狗

一九九六年一月七日の隕石は午後四時二十分過ぎに落下した。その直前の午後三時三十二分、画家の岡本太郎が八十四歳で息を引き取っている。岡本は当時、日本を代表する現代芸術家であり、国際的にも広く名の知られる唯一の画家といってもよかった。一般的には大阪万博の「太陽の塔」の作者として有名である。絵画に限らず、彫刻やパフォーマンスなど多彩な活動をエネルギッシュに行っただけでなく、既成の概念にとらわれない独特の芸術観を主張する評論活動も盛んに行った。『日本再発見』などの多くの著書を残しており、美術界以外にも、創作・表現活動にたずさわる多くの文化人・学生たちに大きな影響を与えた。晩年はテレビタレント的な活動も行い、テレビコマーシャルで、目をひんむいた彼独特の表情をつくり、両手を添えた身振りで叫ぶキャッチフレーズ「芸術は爆発だ！」が有名になり、芸術家としての岡本を知らぬ人々にも、「爆発のおじさん」として親しまれたりもした。

その岡本の死の直後、関東地方上空で隕石の爆発事件が起こったのである（図3）。

中国古代では、こうした現象は「巨星落つ」として認識された。つまり、戦乱や流血などの凶兆という意味だけでなく、「偉大な人物が死去したことを示す天体現象」ともされていたのである。『三国志演義』でも、関中平野に進出し、魏《ぎ》軍との死闘を繰り広げていた蜀《しょく》の諸葛孔明《しょかつこうめい》が五丈原《ごじょうげん》で病死したとき、星が落ちる現象が起こる。魏の司馬仲達《しばちゅうたつ》がそれによって孔明の死を察知すること

いん石落下

光の玉を大勢目撃

つくば市に破片

七日午後四時二十分すぎ、近畿地方から東北地方にかけて広い範囲の上空で、赤く輝く物体が飛ぶのが目撃され、関東地方では爆発音も聞こえた。専門家がいん石の落下とみて調べていたところ、茨城県つくば市内に落下した石を学生が拾い、茨城県警取手署に届けた。石は重さ約六十㌘で、島正子・国立科学博物館名誉研究員が取
けつけ、同夜、い
認した。

（27面に関

目撃談は、各地
気象台などに相次

いん石が落ち
午後4時45
山市で、藤井

「太陽の塔」前衛的芸術家

岡本太郎氏死去

不屈の前衛精神を貫いて、戦後の美術界に新風を吹き込み、日本万国博覧会会場のシンボルとなった「太陽の塔」の作者としても知られる岡本太郎（おかもと・たろう）氏が七日午後三時三十二分、急性呼吸不全のため、東京都新宿区の病院で亡くなった。八十四歳だった。葬儀・告別式は、故人の遺志で
お別れの会を開く
宅は東京都港区南
一の一九。

（27面に関

漫画家岡本一平
で歌人だった岡本
長男として生まれ

図３　隕石落下と岡本太郎の死去を伝える新聞記事

になるわけである。だから、関東上空の隕石爆発は、中国的には「偉大なる芸術家岡本の死を知らせる現象」と解釈され、彼の偉大さを「天が認めた」証左となるのだ。なおかつ、岡本お得意の「爆発だぁ！」そのままに、隕石の爆発音とともに、この世を去っていった。これは岡本の一世一代のパフォーマンスであったともいえるであろう。単なる偶然とはいえ、その偶然を引き寄せてみせたところに、岡本の面目躍如というか「ただ者でなさ」を感じ取ることができる。岡本は現代の天狗であったともいえるのではないか。

いまも続く天狗現象

この一九九六年の怪音騒動から七年後、二〇〇三年六月にほぼ同じ地域で、また同様の怪音

騒動が起こっている。

六月十六日、午後十時十分ごろ、千葉や茨城の各地で「爆発音のような音」が響きわたり、空に「青い光」を見たという人もいた。地上には爆発事件や被害情報もなく、「これは何だ」と大騒ぎとなった。翌朝にかけて、各地の警察署には多数の問い合わせの電話がかかった。茨城県に自衛隊の百里基地があり、当初はジェット戦闘機による衝撃波の可能性も考えられたが、当時、付近を飛ぶ戦闘機はなかった。

天文台が、流星火球の衝撃であった可能性を指摘した。気象庁や防災科学研究所などが設置している茨城・千葉・栃木三県二十カ所の地震計が、地震とは違う衝撃波らしき波形を記録していた。その波形は一九九六年一月に茨城県つくば市に隕石が落ちたときのものに近かった。観測地点も地震と違い、細長く横に広がっていたという。専門家によれば、その火球は、茨城県上空を北西から南東へ飛行し、燃え尽きたか、海に落下したようだ（図4）。

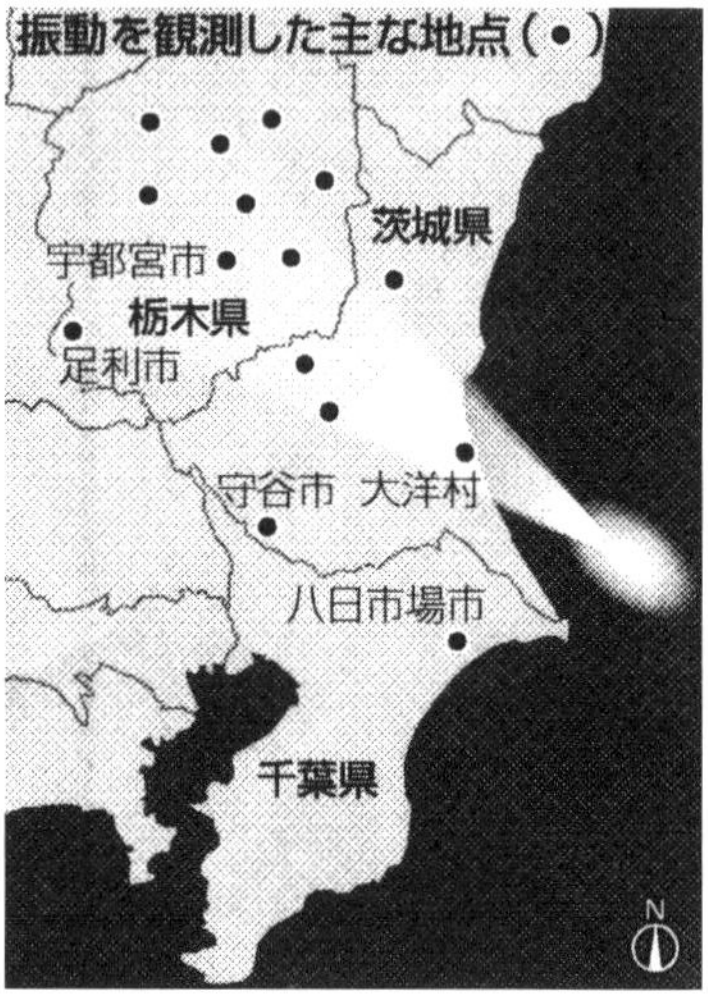

図4　振動を観測した地点と火球の飛行コース

翌朝、テレビの朝のワイドショーで、この怪音騒動の顛末が詳しく報じられた。一応、流星の衝撃波だったということでおさまったが、人々の心には、その現象の不気味さや、すべてが明解に説明づけられるはずの世界に得体の知れないものが飛び込んできたような、釈然としない感覚が残ったのは確かであろう。

四日後の六月二十日の新聞夕刊に「爆音騒ぎの原因?」と題して、火球をとらえた高感度カメラの画像が掲載されている(図5)。数日たってもニュース的価値ありと認められる怪事件であった。現代でも天狗は、こうした怪現象として、私たちの身近に出現しているのである。

図5　気象庁のカメラがとらえた火球

天狗の礫

空から突然、石が降ってくる。誰かが投げたものでもない小石が、大音響とともに道や畑に、あるいは屋根を突き破って室内の畳や土間の上に落ちてくる。そんな現象をかつては「天狗の礫《つぶて》」といっていた。

もちろん、なかには竜巻や突風で巻き上げられた石がバラバラと屋根に降ってくるものも天狗の礫に含まれたであろう。だ

図6　60年前に落下した隕石

が、いまならば、ほとんどの人が隕石と気づくこうした現象を、むかしの人々は「まことに不思議なこと」といぶかった。そして、空にいる天狗が人を驚かそうとして投げた石なのだと解釈したのである。

そうした「天狗の礫」の遺物がいまでも残っていることがある。図6は二〇〇四年四月、秋田県立博物館のオープン記念展の目玉として話題となった小石を紹介した新聞記事である。それは約六十年前に秋田県神岡町に落下したもので、秋田市の女性宅で見つかった。空から降ってきた石ということで、掛け軸用具を入れる箱のなかに大事に保存してあった。小石は長さ約三センチ、重さ三〇グラムで、和紙に包まれていた。鑑定によって隕石と認定され、宇宙空間で六百万年前に破片となったものとわかった。

こうした硬貨大のものから瓜や西瓜大のものまで、古来さまざまな隕石が天から降りそそぎ、それらの多くが天狗の礫として当時の人々の話題となってきたのである。

民衆の想像力の所産

いずれにせよ、中国古代に初めて姿を現した天狗は、その形態が天にあっては流星のごとく、地にあっては犬のごとく、どちらの場合も音を発するという特徴を持ち、占星術的な意味では、戦乱の予兆とされた。さらに単純化すれば、他の天文現象とは異なり、「天から直接地上に降ってきて、音とともに世に災厄をもたらす物体（あるいは怪物）」ということになろう。

1　天から降ってくる。
2　音を発する。
3　災厄をもたらす。

この三点が、中国古代の天狗が持つ特徴なのである。

こうした非日常的で不可解な現象が起きたとき、いまはテレビやラジオ、新聞などの報道機関が具体的な事実を知らせ、即座にその原因を解説してくれる。だから、驚かされた私たちとしては、手品の種明かしを見せられたときのように、その単純な仕掛けに拍子抜けもするし、まんまと騙され無用な不安をいだいた自分を少し気恥ずかしく思ったりもする。そして、最初に感じた驚きや不思議さは、すぐに消えてしまうものだ。情報網が張りめぐらされた現代は、まことにありがたい世の中ではあるが、素朴な感動を、感動のまま取っておくことが許されない。実体験から、自己のなかでさまざまなものをじっくりと練り上げていくには不向きな時代なのであろう。

現代のような報道機関のなかった古代では、こうした現象に対して人々のさまざまな憶測が飛び交い、流言飛語や突拍子もない言説が流布されたことであろう。そうした民衆間の多様な言説の渦が、徐々にひとつの流れにまとまり、公式見解のようなものに集約されていく。そうした過程をへて、天狗というものもできあがっていったのである。

2 生きていた中国の天狗

中国天狗はいまも生きている

流星として出現した中国古代の天狗は、『史記』や『漢書』などの文献によって日本に伝えられ、日本人の想像力のなかで独自のアレンジが加えられていった。後世に流布した「鼻高で赤ら顔、山伏姿の天狗像」があまりにも強烈な印象を与えるゆえに、「天狗という妖怪は日本にしかいない」、あるいは「中国では天狗はすでに妖怪としては存在しない」と私たち日本人は思いがちである。

しかし、中国天狗は古代から現代に至るまで中国の民衆世界で生き続け、日本とは異なる発展を遂げていたのである。それも、日本の天狗像とはまったく異なる、四つ足の悪獣として生き延びていた。

唐の詩人杜甫は、玄宗皇帝が長安郊外に造営した華清宮《かせいきゅう》で飼われていた「天狗」なる異獣を見て「天狗賦《ふ》」を書いている。

> 天狗は深い山や谷のように大きさと重々しさをたたえており、放つ気迫はきわだって優れている。色は狻猊《さんげい》（獅子）にも似て、小さいものは猿のようである。

このように、西方からもたらされたライオンのような四つ足の猛獣を「天狗」の名称で呼ぶこともあったようだが、こうした現実の異獣としての天狗はきわめて例外的な存在である。

中国の民間信仰のなかでいまも息づいている神獣としての天狗については、近年、川野明正氏の先駆的研究「天翔る犬—大理漢族・白族の治病儀礼「送天狗」と「張仙射天狗図」にみる産育信仰」（『饕餮』第八号）などによって徐々に明らかとなってきている。大まかにいえば、中国の天狗は文字通り「犬」のような「四つ足妖怪」の姿を維持し、日食・月食を起こす天の黒犬、あるいは子供を病気にしたり、子授けを邪魔したりといった、子孫繁栄を阻害する天の悪犬として、民衆から恐れられてきたのである。

子供の無事な生育を阻害する天狗の性質については、明の謝肇淛《しゃちょうせい》の『五雑組《ござっそ》』巻一「天部」に、

> 世間では、天狗がとどまる所では、夜、天狗が人家の小児を食べる、という。だから婦女や嬰

児はそれを忌むのである。……いま、閩中《びんちゅう》（福建）の若妻は夜に出歩かない。夜空の天狗星を犯して、跡継ぎを損なうことを恐れるからだという。

とあり、子供を取って食べたり、妊娠・出産を妨げるものとしている。川野氏の研究によれば、こうした天狗の祟りを恐れる民間信仰が中国全土にいまも存在しているという。雲南省では「天狗はもともと天にいて、天から降りてきて子供に祟る。子供が泣きやまなかったり、下痢したり、熱があるときは天狗がつきまとっている。天狗は地上から見ると流星の形をしていて、いつも夜に降りてくる」といわれ、子供の病気を治すために天狗の祟りを祓《はら》う「送天狗」なる儀式が行われている。また、現代の香港の占い書にも、男の子が天狗に損なわれることを防ぐ対策として、

男子が天狗によって夭折、傷亡する恐れがあるため、父母に仮親を立ててその運命を避ける。

ということが書かれているという。

中国の旧俗を記録した永尾龍造の『支那民俗誌』第六巻（一九四二年）には、こう記される。

「天狗は太陽を食べきらない」とはいうが、人の子を取って食うという俗信は甚だ強いものが

あって、その正体は判明せぬままに人に恐れられて来たものである。一般人家でも、死産が多かったり、或いは子供が夭折する癖のある家に対しては、世間では、その家は天狗の祟りを受けているからだと噂する習慣になっている位である。(原文は歴史的仮名遣い)

日本では犬は子供をたくさん産むので、東京の水天宮《すいてんぐう》のように子授けと安産の神として信仰されている。それと逆のことが中国ではいわれていることになる。突然の犬の吠え声に妊婦が驚いたり恐怖したりして流産する、あるいは幼児が野犬に襲われることが多かったということも関係しているのかもしれない。

天狗を駆逐する張仙

日本人もそうであるが、中国の人々にとって、子宝に恵まれ子孫が繁栄することは、人として享受するさまざまな幸福のなかで最も重要なものとされてきた。だから、この幸せを阻害するものは当然、最も忌み嫌われる存在となる。当然、防御・撃退する方策を構じることが最重要課題となるのである。その結果、天狗を撃退し、無事な出産と子供の無病息災やすこやかな成長を約束してくれる神が誕生することとなった。名前を張仙《ちょうせん》という。

図7は明代の石刻「祈嗣《きし》張仙図」である。弓を持った男性が空を見上げ、足元には子供たちが何

かにおびえて身を隠すようにすがりついている。手にした弓は矢を射る通常のものではない。鉄の弾《たま》を飛ばすパチンコのような「弾弓《だんきゅう》」である。張仙の画像では、彼は常に弾弓を携行している。日本の正倉院には唐時代の弾弓が伝えられているが、張仙図はそれを使用しているさまを描いた貴重な画像である。弦の中央に小さな丸い環があって、そこに鉄の弾を載せて射る。子供たちの頭のすぐ上、右腰脇にたくさんの鉄弾を入れた袋が見える。袋は腰に結びつけるのではなく、肩から下げて携行するものらしい。張仙の見上げる先に天狗がいる。雲中の天狗は有翼の四足獣で、張仙を

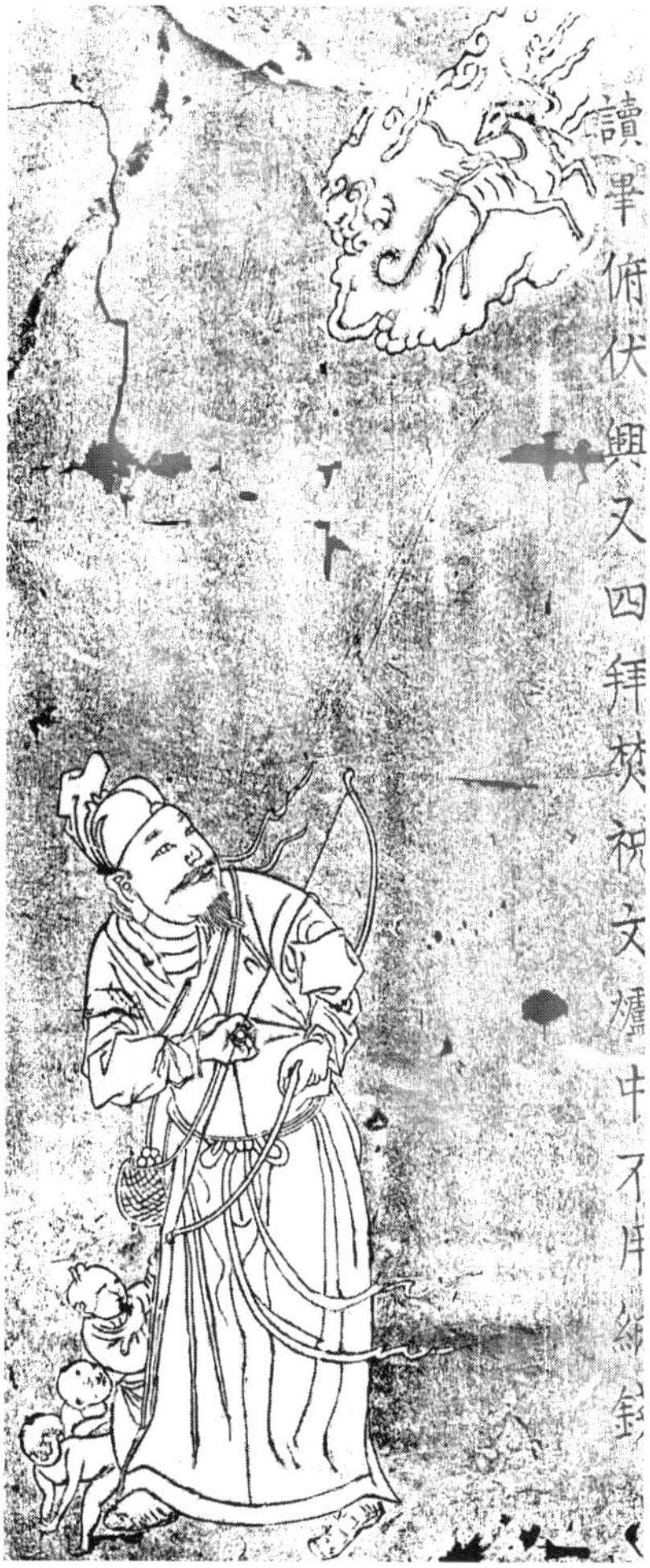

図7　「祈嗣張仙図」石刻

振り返りながら逃走している。この図は、男の子のすこやかな成長を阻害し、跡継ぎの男子が生まれることを邪魔しようとする天狗を、張仙が撃退している場面を表したものである。

この線刻画の左側には「祈嗣儀式」、右側には「祝文」の文章がそれぞれ刻まれており、三者あわせてひとつのセットという構成となっている。「祈嗣儀式」には、跡継ぎを祈る儀式は仲春・仲秋の月の上旬に行うこと、弾に見立てた団子や酒食を祭壇に供えること、赤い紙に書いた祝文を用意すること、儀式の次第などが記されている。「祝文」は、張仙に祈願する際に唱える言葉であり、妊娠したら必ず男の子が生まれること、男の子が生まれたら必ず長寿となることの二点が強調されている。中国では古代から、三多(多福・多寿・多男子)を人として望みうる三大願望としてきた。とくに跡継ぎをもうけることは、幸せの必須条件であった。結婚しても、長く男の子に恵まれないことは、夫婦にとって切実な悩みであったはずだ。そうした民衆の願いにこたえる民間の道教的儀礼として、張仙を祀る祈嗣儀式はかなり古くから行われていたものと思われる。

図8は、民衆の正月飾りの版画である年画に描かれた「張仙射天狗」図である。清朝の光緒年間(一八七五～一九〇八)の作品で、子供の無事な成長を祈るために部屋の壁や扉などに貼られたものである。張仙は弾弓を引き絞り、すでに放たれた鉄弾は天狗に命中したようである。天狗の腹から血が吹き出し、張仙の足元では子供たちが喜んで跳ね回っている。雲に乗り逃走する天狗は、翼がある黒犬の姿をしている。

張仙のおかげで蘇軾は生まれた

子授けと子育ての神「張仙」の信仰とその画像は、相当に古い伝統を持つ。早くは唐宋八家のひとりに数えられる北宋の蘇洵《そじゅん》（一〇〇九～一〇六六）が「題張仙画像」（『嘉祐集《かゆうしゅう》』巻十五）なる文を

図8　年画「張仙射天狗」

残している。蘇洵は四川で生まれ育ち、結婚後長く跡継ぎに恵まれずに悩んでいた。男の子が欲しいという願いをかなえるためにさまざまな試みをしていたであろう。そんな折、成都の玉局観という道教寺院を訪れ、たまたまのぞいた呪術具の店で「張仙の画像」と出会う。

私はむかし天聖庚午《こうご》の年（一〇三〇）の九月九日、重陽《ちょうよう》の節句の日に玉局観に行き、無礙子《むがいし》の店で一幅の画像を見た。その筆法は清澄なものであった。「張仙」という画題で、これに祈れば必ず効果があるということだった。私は腰に着けていた玉環《ぎょくかん》を解いてその絵と交換した。当時、私には跡継ぎがいなかったので、毎朝必ずこの絵に香を捧げて祈った。すると数年のうちに蘇《そ》軾《しょく》を授かり、また蘇轍《そてつ》も生まれた。二人とも生まれながらに書物が好きであった。真人の力には効験があり、無礙子のいうことが嘘ではないことを知った。そこで、のちに跡継ぎを祈る人々のために、事の次第を記し、この絵を崇敬するようにと願うのである。

後世の文人たちから神のように崇められる蘇軾（蘇東坡《とうば》）・蘇轍の兄弟は、張仙画像への父の祈りによって生まれたというのである。北宋初期にすでに四川地方で張仙画像が流布していたということは、少なくとも唐末から五代のころには、四川の道教世界において張仙信仰が成立し、その神像が描かれるようになっていたということになる。

張仙の画像を見たという有名な文人は、蘇洵だけにとどまらない。南宋の詩人陸游《りくゆう》（一一二五～一二一〇）は『剣南詩稿《けんなんしこう》』巻八に、

山中で小雨にあった。宇文使君《うぶんしくん》の手紙が届いて、「張仙翁に会ったことがあるか」と尋ねていたので、戯れに一絶句を作る。

として、次のような内容の詩を書いている。

張仙は弾丸を挟み弾き、放った弾丸はどこに行ったかわからない。ただ清らかな風の音が林を貫くのを聞くだけである。鉄弾を拾っても私には使い道がない。君のために打ち放って、四方の山の雲でも散らそうか。

この詩には陸游自身が添え書きをして「張四郎（張仙のこと）は常に弾を挟んで、人家に災厄があるのを見ると、鉄弾で打ち散じる」と述べている。同じく『剣南詩稿』巻八には、

邛州《きょうしゅう》の譙門楼《しょうもんろう》に登った。門楼は三層で西側に神仙張四郎の画像が掛けてあった。張四郎は白《はく》

鶴山《かくさん》の山中に隠棲したのである。

と述べて、詩を作っている。邛州の白鶴山は、張仙に比定される張遠霄《ちょうえんしょう》（後述）が悟りを開き、仙人となったと地といわれる。陸游は、四川への旅の途中で張仙のことを問われたり、張仙の絵を見たりしていることがわかる。

さらに、元の詩人高啓《こうけい》は『高青邱《こうせいきゅう》詩集』巻十一で、

私には跡継ぎがいなかったので雪海道人《せっかいどうじん》が張仙画像を描いて贈ってくれた。むかし蘇洵がこれに祈って二子を得たという。私は道人の厚意に感激し、詩を書いて謝意を表すものである。

と記し、次のような内容の詩を書いている。

私はすでに壮年になったのに跡継ぎに恵まれなかった。三人の娘がいても慰めにはならない。隣家の男の子が雨の夜に経史の本を読み上げている声が聞こえる。私は床《とこ》から起き上がって、秋の灯火の前に座り、自分の孤独な影を見てはいつまでも嘆き悲しむのであった。道人は私の書を伝えるものがいないことを思い、成都仙（張仙）の画巻を描いて私に贈り、こういった。「むか

し蘇洵が玉局観でこれを得て熱心に祈ったところ、二羽の五色の鳳凰《ほうおう》が生まれ、蘇洵とともに大出世を遂げた」と。そして私にこの絵を礼拝するように勧め、「そうすれば明珠が深い水底から浮かび上がってくるはずだ」という。……

すでに唐末・五代のころから、張仙信仰は四川地方に広まっていた。その力にすがった蘇洵が軾・轍の二子を得たという動かしがたい事実により、張仙の霊験はこれ以上は望みようもない証左を得たといえるだろう。その結果、張仙の名は中国全土に轟き、産育神としての張仙信仰は四川にとどまらず、各地に広まることになったのである。近年の民俗調査でも、中国の南北を通じて広く張仙信仰が見られることが確認されている（川田前掲論文）。張仙の年画は、寝室や竈《かまど》の周囲に貼られ、産育の神、駆邪の神、家庭の守護神としていまも祀られているのである。

張仙とは何者か

張仙がいかなる出自の神であるかについては、張遠霄（張四郎ともいう）とする説と、孟昶《もうちょう》とする説の二説が伝えられている。明の汪雲鵬《おううんぽう》の『補列仙全伝《ほれっせんぜんでん》』巻九では、張遠霄について次のように記している。

張遠霄は四川の眉山《びざん》の人である。ある日、竹弓一本と鉄弾三つを持った老人に会った。それを質《しち》に「大金を貸せ」という。張は少しも惜しむことなく金を貸した。老人がいうには、「これで弾をはじくと悪病や災厄を避けることができる。宝物として大事に使うように」ということだった。後日、老人に再会したとき、老人は度世《どせい》の法（仙人となる法）を授けてくれた。老人の顔をよく見ると、眼には瞳が二つずつあった。のちに張遠霄が白鶴山に行って釣りをしていると、西湖峰でひとりの老人に会った。老人は「わしは四目老人、お前の師匠である。竹弓と鉄弾を授けたときのことを覚えておらんのか」といった。張遠霄はついに悟りを開き、仙人となったのである。

張遠霄は五代の人ともいわれるが、おそらく架空の人物であろう。ここでは、弓と鉄弾で疫病や災厄をはらう辟邪《へきじゃ》の神として語られている。

もうひとつ、孟昶とする説については、明の陸深《りくしん》『金台紀聞《きんだいきぶん》』や明の郎瑛《ろうえい》『七修類稿《しちしゅうるいこう》』巻二十六などに伝説が記されている。概略は次のようなものである。

近年、子供がいない者の多くが、張仙を祀って跡継ぎの誕生を望んでいる。だが、その根拠は不明である。五代の後蜀《こうしょく》王の孟昶は、狩猟が好きで弾弓が上手であった。乾徳三年（九六五）

に後蜀が滅亡すると、孟昶の妻花蕊《かずい》夫人は宋の宮廷に連れ去られた。夫人の心はつねに孟昶を思って鬱々としていた、だが、決してそれを口に出すことはできなかった。そこで孟昶の肖像を自分で描いて祀った。そして周囲には「この神を祀ると子供が生まれる」といってごまかしていた。

ある日、宋の太祖がそれを見て夫人に尋ねたので、いままでどおりに答えた。太祖がその神の姓を詰問すると、張仙ということにし、「仙人になった後の神像です」と答えた。それ以来、宮中ではこの絵を祀って子授けを祈るようになり、民間にも広まったのである。太祖は翌日、後蜀の滅亡をうたう詩を作るよう夫人に命じた。張仙の話を疑っていたからである。夫人は罰せられることを恐れず、即座に後蜀と孟昶を讃える詩を作った。

張仙は名を遠霄という。五代の時に青城山《せいじょうさん》に行って仙人となったといわれ、蘇洵の賛もある。これはいろいろな話を寄せ集めて仮託したもので、本当に張仙なる人物がいたかどうかは不明である。

この説によれば、仙人になった張遠霄の話がすでに存在し、その名前を「弾弓を持った孟昶の肖像」の人物名に使用したので、張仙は弾弓を持つ姿となり、同時に子授けの神として信仰されるようになった、ということになる。

張仙の正体が張遠霄であるとする説、孟昶とする説、いずれも伝説の域を出ない。おそらくは、先行する災厄神としての天狗の信仰から生まれ出たものであろう。国家にとっての最大の災厄は戦乱であるが、個人にとっての最大の災厄は子宝に恵まれないことと疫病である。こうした個人の災厄を未然に防ぐために、道教信仰が盛んであった四川の地で、唐末から五代のころに天狗を撃ち落とす張仙という神が創作されたのであろう。鉄弾を弾き飛ばす弾弓は、矢を放つ普通の弓のような戦闘用の武器というよりは、小鳥などの小動物を狙い撃ちする軽狩猟用、あるいはそうした小禽類を追い払う威嚇用の武器である。空を駆ける天狗を、小鳥のような小動物に見立て、弾弓で追い払う神が最初に四川地方で作られ、のちに張遠霄や孟昶の話が付加されていったのであろう。そして「蘇洵がこれに祈願し蘇軾・蘇轍兄弟が生まれた」という動かしがたい霊験の証拠が提示されるに及び、効験は喧伝されて全中国的な信仰を得るようになったものと考えられる。

「張仙」という名称には、張という姓だけで名前がない。このことについて川田氏は、名称それ自体にこの神の由来を暗示する特質が秘められているという。つまり、「張」という字は「弓を引き絞る」という意味を持っており、魔除けの呪術具である弓の神格化されたものが張仙であるとする考え方である。張遠霄に弾弓を授けた老人が四目であったことも、中国の鬼やらいの儀式に登場する鬼神「方相氏《ほうそうし》」が四目であることとつながっており、駆邪の神であることを補強しているのである。

また、弾弓を持つことは産育神としての性質とつながっているという。つまり、「弾く」あるいは「弾丸」に共通する「弾」という字の発音（dan, tan）が「誕生」の「誕」（dan）と同音であり、弾弓には「跡継ぎの誕生」という意味が内包されているというわけである。中国では古代から、動物の「羊」や「象」の字形や発音が吉祥の「祥」字と類似していることから、羊や象を「幸福をもたらす存在」と考えるといった吉祥思想の伝統があり、とくに民衆の間では年画などを通して一般的な考え方となっている。

このように「魔除けと子授けの神」である張仙は、その名称自体に神としての特性が表されており、悪神「天狗」に対する駆除神として、道教教団内で創作されたものである可能性が高いといえるだろう。

中国天狗と日本天狗

天狗は中国古代世界の想像が生み出した怪物であった。流星の正体として、天空を吠えながら駆け抜ける犬の姿で登場し、災厄や戦禍を地上にもたらす存在として恐れられた。その姿は、中国では後世に至るまで変わることなく受け継がれ、民衆世界において子授けや子育てを阻害する悪神として生き続けてきたのである。

一方、日本の天狗は次章で述べるように、中国の天狗を原型としながら、それとはまったく異なった容姿を獲得し、独特の性格を帯びることとなる。その乖離の原因はいったいどこにあるのだろうか。日本の天狗は、いつ、どのような社会的要因のなかで形成されていったのか。本書は、そうした日本天狗像の形成過程を、国際的な「鬼神ネットワーク」、つまり中国と日本を結ぶ妖怪たちの関係性の視点からとらえ直そうとする試みである。日本独特の妖怪とされる天狗も、この鬼神ネットワークのなかで、中国の鬼神イメージの展開過程から派生してきたものであることを、最終的には論じることになるであろう。

しかし、最初は、とにもかくにも「日本天狗とは何か」という点をはっきりさせておく必要がある。まずは、日本天狗発生の初期状況から検討を進めることとしたい。

第二章

初期天狗の誕生

1 天狗登場

飛鳥時代に出現

天狗が初めて日本に出現したのは飛鳥時代、七世紀前半、舒明《じょめい》天皇九年（六三七）のことである。蘇我馬子のあとを継いだ蘇我蝦夷《えみし》の全盛期であり、中大兄皇子《なかのおおえのおうじ》・中臣鎌足《なかとみのかまたり》による大化改新の直前であった。『日本書紀』には、次のよう記されている。

春二月、戊寅《つちのえとら》の日（二十三日）、大きな星が東から西に流れた。音がして、それは雷に似ていた。人々は「流星の音だ」とか、「地雷だ」などといった。このとき僧旻《みん》はいった。「流星ではない。これは天狗である。その吠える声が雷に似ているだけだ」

最初に、「大きな星」が流れたという事実が述べられ、次に、音についての人々の解釈が加えられている。いずれにせよ、第一章で述べたような、現代の私たちも経験する流星現象だ。「大きな星」とはっきりいっていることから、大火球が近畿上空を東西に流れていったのであろう。

衝撃波による爆発音に人々は驚き、さまざまな憶測を述べる。面白いのは「地雷」である。火球の衝撃波は地面を振動させ、地震計にも波形を残す。飛鳥時代の人々は、衝撃波音と地面の振動を「地中の雷」とも考えたことがわかる。

現代で地雷といえば、もちろん戦争で多用される地中に埋め込まれた爆弾である。どこに埋まっているかわからないので、戦争終結後もその恐怖が消えることがない。地面にセットされたロシアン・ルーレットのごとき恐怖が後々まで残るゆえに、きわめて問題視されている。地雷や花火、大砲などに使われる火薬は、中国で唐の時代（七世紀以降）に発明された。武器として使用されるのは十世紀ごろからで、明の宋応星《そうおうせい》が著した産業技術書『天工開物《てんこうかいぶつ》』（一六三七刊）には、武器としての「地雷」が載っている。

だが、『日本書紀』の時代では、明らかに「地鳴り」や「地中の雷」の意味だ。古代人を驚愕させ、不安に陥らせた爆発音のような地鳴りを、「地雷」と表現する感性が興味深い。雷は、古代人にとって単なる自然現象ではなかった。神の怒りとしての「神鳴り」であった。その怒りは天に轟き、地中からも発せられ、私たち人間を威嚇するものだった。

天狗を日本に紹介した僧旻

いずれにせよ、こうした流星現象に対して、世間ではさまざまな憶測が飛び交う。そんななか、旻《みん》という名の僧侶が、「天狗」という独特の解釈を提示する。その発言は『日本書紀』に記されるほどであるから、当時の人々から相当の注目を集めたのであろう。

旻は新漢人《いまきのあやひと》、つまり古代日本でテクノクラートとして活躍した中国系帰化人の血を引く人物である。小野妹子を大使とし推古天皇十六年（六〇八）に派遣された第二回遣隋使に、留学僧として同行している。前年の第一回遣隋使では、妹子が持参した「日出づる処《ところ》の天子、書を日没する処の天子に致す、恙《つつが》無きや」（『隋書』）という国書が、中国で問題化したことは有名だ。第二回遣隋使では、高向玄理《たかむこのげんり》や南淵請安《みなぶちのじょうあん》などの留学生・留学僧を多数派遣しており、本格的な中国文化摂取に乗り出した最初の使節であった。旻はそこに参加していた。

旻はその出自からして、留学前にすでに中国思想の知識を相当に持っていたであろうと想像される。留学中は、政治制度や仏教について深く研鑽を重ねただけでなく、占星術や易《えき》・祥瑞《しょうずい》、つまり中国古代思想の根本にある儒教的な宇宙観についての知識や、未来予測のための諸技術の習得に努めた。帰国は舒明天皇四年（六三二）である。実に四半世紀の長きにわたる留学であった。

帰国後は飛鳥寺に住持し、日本の政治・官僚制度の制定、仏教の普及などに大きな力を発揮する。政権の知恵袋として、舒明天皇や孝徳天皇をはじめ、中臣鎌足、蘇我蝦夷などの貴顕層から篤い信頼を得ていた。六四五年の大化改新では、クーデターの翌日、中大兄皇子の皇太子位継承と同時に、僧旻の国博士《くにはかせ》（儒教教育を担当）就任が発表されている。新政権樹立の背後で、重要な役割を果たしたようだ。以後、政権のブレーンとして活躍を続ける。

その旻が、流星現象を「天狗の仕業」と断じたのは当然のことであった。第一章で触れた司馬遷の『史記』天官書の記録をはじめ、『漢書《かんじょ》』や『晋書《しんじょ》』の天文志に記される中国的な流星解釈を、そのまま日本で披瀝したまでである。雷鳴のごとく轟いた音を、旻は「吠える声」と表現しているから、「天の犬」という中国の天狗像を踏襲している。

飛鳥時代の支配者層は、先進国である中国の文化や諸制度を導入し、新しい日本を作ることに躍起になっていた。そんな彼らにとって、天体現象を「中国の妖怪の出現」と断じる旻の解釈は、驚きとともに新鮮な感慨をいだかせるものであったに違いない。

「地上に起こる未来の出来事は、天体現象から予測できる」とする考え方は、儒教的統治思想を基本としている。儒教では、北極星にいる「天帝」と、その仮の子供である地上の「天子（皇帝）」の関係によって地上世界は運営される、と考える。旻は、国博士という職務からいっても、それを日本に移殖するために積極的な役割を果たしたと想像される。「天狗」出現の二年後の舒明天皇十一年（六三九）に彗星が出現したときには、旻は「飢饉の予兆」と断じ、中国的解釈の定着に努めている。

当時の日本は、古墳時代以来の伝統を捨て、中国の文化や政治制度をもとに改革を果たし、東アジアの国際社会の一角に地歩を固めようとしていた。天狗は、そうした時期に中国から移殖された諸文化のひとつだったのである。日本が国家として立ち上がる、まさにそのときにセットされた妖怪、それが天狗であった。それゆえ、国家とともに歩み続けることを運命づけられていたともいえるであろう。

僧旻の言葉の呪縛

僧旻による解釈は、一見、中国の天狗説をそのまま導入したかのように見える。だが、ひとつだけ大きな問題を抱えていた。現象としては明らかに流星であるにもかかわらず、流星であることを否定し、それを天狗であると規定したことである。

中国では、天体現象としては流星、同時に天文占いの解釈では妖怪の天狗と解釈されていた。つまり、流星イコール天狗である。中国の古い天文文献には、流星を天狗の名で記し、その後に起こった戦乱の予兆と解釈するものが珍しくない。

これに対して、僧旻は「流星ではない」と言い切り、流星と天狗を切り離し、別物とした。これは、僧旻の誤解というよりは、異文化を導入するときにどうしても生じる変容の小さな一例であろう。中国の天狗説を紹介する際の、微妙なニュアンスのズレと、中国の天文占いにうとい聞き手側の理解力不足の結果として、「流星ではない」ことになってしまったものと思われる。

いずれにせよ、これによって、日本では流星を天狗と解釈することができなくなってしまった。流星と天狗を別物と断じた僧旻は、当時の日本における天文占いの権威であり、彼の解釈が日本の天文占いを規定した。その縛りがあるために、以後も、日本では天文現象の報告文書の上で、流星や彗星を「天狗」と呼ぶことはない。結局、わが国では、天狗は流星ではなく妖怪となり、中国の天狗と乖離することとなった。ここに、天狗が日本の妖怪として生きていく素地が作られたといえる。

四百年間の眠り

こうして飛鳥時代の六三七年、日本に突如登場した天狗ではあるが、その後はまったく鳴りを潜める。なんと十一世紀前後まで、四百年間も「鳴かず飛ばず」の状態となってしまうのである。その間にも、日本に流星現象はたびたびあった。しかし、僧旻の解釈の呪縛ゆえに、それを「天狗」として記載する古記録はない。華々しいデビューのわりには、妖怪としての活躍も皆無となる。現代のようなニュース・メディアがない古代では、「中国妖怪・天狗出現」の解釈が旻とその周囲だけにとどまり、社会に広く定着しなかったのだ。天皇や貴族など支配者層の間で話題となり、文書には記録されたが、そこまでということだったのだろう。

考えてみれば、それは当然のことなのかもしれない。中国の天狗は、『漢書』や『晋書』など、各時代の歴史書の「天文志」という章に、流星現象としてたびたび記録される。天狗は中国の天体思想に組み込まれた存在だった。

夜空の星々の中心にある北極星、そこには「宇宙を統治し、地上世界を意のままに動かす天帝」がいる。この考え方が、中国の天体思想の根幹にある。天帝は常に地上を監視し、人間たちの諸活動に対して評価を下す。今後の指針を示したり、警告を発し、懲罰を加えたりする。具体的には、天変地異や動乱など、自然現象・社会現象の形で人間界をコントロールするのだ。

天帝の思惑や心模様は、天体現象として現れる。それは「これから地上に起こること」の暗示となる。古代における天体観測は、天帝の思惑を読み解く作業であり、これから地上に起こる出来事の予知作業であった。天文学は、単純な自然科学ではなく、地上の人間たちの諸活動に対する「天帝の評価と今後の指針」を読み取る「政治学」のひとつだった。天狗は、その文脈における流星現象の一解釈として位置づけられていた。

一方、わが国で六三七年の事件で問題になったのは、流星そのものではない。突然鳴り響いた雷鳴のごとき爆発音であった。流星を見た人もいたが、多くはその猛烈な音に驚かされた。「何の音か」という発生源の推測に、人々の意識は向かっていった。その過程でさまざまな憶測が生まれ、地中の雷とする「地雷」説も出てきた。最終的に旻が登場して、「これは流星ではない」と言い切り、天文現象とする解釈をはっきり否定した。人々を驚かす突然の爆音の正体について、「天狗の吠え声で、それが雷に似ているだけだ」と、先進国中国で仕入れてきた最先端の知識を披瀝したのである。

儒教的世界観で構築された天体思想とは無縁の日本で、旻は天狗に関する知識だけをピックアップした。そのために、天狗は「流星現象の否定」と「未知の妖怪の出現」という文脈で解釈されることとなった。

こうして僧旻に否定されて以降、流星の解釈に天狗が持ち出されることはなくなる。そして、天狗は単発の妖怪出現の記録としてのみその名を留めることになった。それも究極の一発屋にとどまった。華々しく活躍することもなく、文書記録のなかに「冷凍保存」されてしまったのである。

蚩尤の首が天狗となった？

ただし、四百年間の冷凍期間に、まったく痕跡を残さなかったわけではない。鎌倉時代初期の『年中行事抄』（『続群書類従』第十輯下）には、天平勝宝五年（七五三）の孝謙天皇への上奏文が引用されている。そこでは、正月十五日に粥を食べる風習の根拠として、中国の『世風記』なる書をあげて、次のように説明する。

図9　漢代画像石の蚩尤（武氏祠画像）

むかし黄帝《こうてい》が蚩尤《しゆう》と戦ったとき、正月十五日に蚩尤を斬り殺した。その首は天に昇って天狗となり、その身は地に伏して地霊となった。だから世間では、この日の亥の刻に小豆粥を煮て、天狗を庭の机上に祀り粥を捧げる。粥が冷めたころに東を向いて再び拝礼し、ひざまずいてその粥を食べると、その年の終わりまで病気にかかることはない。

中国神話では、黄帝が暴虐な悪神・蚩尤（図9）を「涿鹿《たくろく》の戦い」で討伐し、その後、諸侯に推されて天子となったという。この話はたいへん有名で、『史記』の五帝本紀《ごていほんぎ》や『山海経《せんがいきょう》』大荒南経《だいこうなんきょう》などの諸書に記されている。ただし、斬られた蚩尤の首が天に昇って天狗となり、体が地に残って地霊となったという話は、中国の古記録にはまったく残っていない。『年中行事抄』が引用した『世風記』なる書物が本当に実在したのか、あるいは本当に中国の書なのかという点も疑問視されている。

このように、天狗は鎌倉時代初期の文献のなかに、八世紀半ばの天皇への上奏の記録としてわずかに痕跡を留めるが、史料としての信憑性に欠け、その影はますます薄くなっていく。ただし、災厄をもたらす悪神にして反乱者である蚩尤を、妖怪の天狗と結びつけ、「反逆者の天狗化」という形で中国神話に天狗を組み込んでいる点は、のちの日本天狗が反逆者の性格を帯びていたことと考え合わせると、なかなか興味深い史料であるといえるだろう。

いずれにせよ、天狗は四百年間の長きにわたり、「忘れられた妖怪」として、寂しき日々を過ごすこととなる。つまり、天狗は「再発見されるのを待つ存在」だったのである。のちに日本妖怪のスターとして大活躍をするようになるためには、天狗の再登場を促す何らかの社会的要因の発生が必要であろう。その要因にこそ、日本天狗の本質が隠されていると考えられる。天狗再登場のメカニズム、その解明にはまず、再登場の過程を詳細に検討しておかなければならない。

2 天狗復活

天狗の目覚め

日本での最初の出現から約四百年もたった平安時代後期、十一世紀前後から突如として、天狗はさまざまな記録・物語に、妖怪として顔を出し始める。

たとえば、十世紀末の成立で、わが国初の長編物語といわれる『宇津保物語《うつほものがたり》』。その冒頭の「俊蔭《としかげ》」の章の後半は、「藤原俊蔭の孫・仲忠《なかただ》が、幼いころ母とともに京都北山の大杉の空洞（うつほ）に住んでいた」という設定になっている。「天狗」の語はそのなかに出てくる。

天皇が北野に行幸されたとき、遥かな山から不思議な音が聞こえてきた。それは琴の音に似た、さまざまな音を合わせたような怪音であった。天狗の仕業であろうかと、藤原兼雅《かねまさ》が馬に乗って調べにいくと、幾山を越えた所で、杉の大木の空洞から音が出ていることをつきとめる。不思議にも、兼雅はそこで、長く出会うことができなかった妻子と再会するのである。怪音の正体は、山中に住む妻が弾いていた琴の音であった。

この琴は、むかし遠く海外の波斯国《はし》で天女が作ったものだった。神器ともいえる楽器の音は尋常でなく、天皇一行には怪音に聞こえたのである。天狗は「山中に響きわたる怪音を発する妖怪」として扱われている。

『宇津保物語』が書かれた十世紀末までに、日本人の心のなかでひそかに熟成されていた天狗像は、六三七年に出現し『日本書紀』に記された「爆発音を伴う流星」の名残を留めているのである。

四百年もの長き眠りから突如目覚めた原因については後で考察することにして、ここでは平安時代から鎌倉時代にかけての諸史料に現れる復活天狗のさまざまな例を挙げ、日本の妖怪として再生した初期天狗像の実態を探っていくこととする。

『源氏物語』に登場

意外なことに、平安朝文学の最高峰、紫式部の『源氏物語』(十一世紀前半の成立)に天狗は現れている。『源氏物語』の最終巻「夢の浮橋」で、宇治川に入水した浮舟《うきふね》が宇治院の裏手で救助されたときの様子を、横川僧都《よかわそうず》（十世紀の比叡山《ひえいざん》の高僧源信《げんしん》がモデル）が薫に語って、

「天狗や木霊《こだま》などというものが、だましてお連れ申し上げたのではないかと思った」

という。

その前の「手習《てならい》」の巻では、浮舟が救助される実際の場面が描写されている。そこでは、

「どうしてそのような人を院のなかに捨てたりするでしょうか。たとえ本当の人間であったとしても、狐か木霊のようなものが、だましてここに連れてきたのでしょう」

と語られ、「狐」と「天狗」が入れ換わっている。「人をたぶらかしてあらぬ所に連れ去る妖怪」として、狐と天狗は同類と考えられていたのであろう。

神隠しのように人が突然いなくなり、まったく別の場所で発見される。こうした現象は、天狗の場合、のちに「天狗さらい」「天狗隠し」という名称で呼ばれるようになる。その先蹤《せんしょう》が、すでに十一世紀の『源氏物語』のなかに見られるわけである。また、「天狗」の語が比叡山の高僧の言葉

のなかに出てくることも、後述する天狗の復活理由において重要な意味を持つので、記憶の隅に留めておいていただきたい。

『栄花《えいが》物語』巻三十六「根あはせ」では、寛徳二年（一〇四五）、上東門院《じょうとうもんいん》が世の憂さを避けて京都・白河の地に移居したときの話に天狗が出てくる。上東門院とは、かつての中宮彰子《しょうし》であり、『源氏物語』を書いた紫式部が仕えていた人物である。

上東門院彰子様は白河殿において、いつもむかしを恋しつつ仏道修行をなさっておられます。ここは天狗などが出る恐ろしい場所で、たいへんに煩わされておりました。人々も次々と患い亡くなりなどして、とても気味が悪いので「こうしてここにばかりいるのは、いかがなものでしょう」と藤原頼通《よりみち》殿もおっしゃるのですが……

当時の白河の地はたいへんに寂しい所だったようで、天狗などの妖怪が出没して悪さをする場所といわれていたらしい。

同書巻三十九「布引の滝」でも、承暦元年（一〇七七）、白河の地に法勝寺《ほっしょうじ》が落成したときのこととして、白河殿の地は藤原頼通殿が長年領有なさっていたところで、故上東門院様もお住まいになられましたが、天狗がいるなどといわれる所に、法勝寺の御堂をお建てになりました。

という。人里離れた寂しげな土地に潜み、人々を死に追いやる恐ろしい妖怪として、天狗が描かれている。

天狗とキツネ

『源氏物語』では、天狗は狐と同類の妖怪として語られていた。「天狗」という語句は、『日本書紀』の僧旻の言葉のなかで初めて登場したが、その語に対して『日本書紀』では「アマツキツネ」もしくは「アマツクツネ」という和訓《わくん》（大和言葉による読み）が付けられている。

このことだけを見ると、「狗」の字を飛鳥時代から「キツネ」と読んでいたのだろうと思ってしまう。事実、それを前提に、これまで多くの天狗論がなされてきた。室町時代の『塵添壒嚢鈔《じんてんあいのうしょう》』でも『日本紀《にほんぎ》』でも、「天狗」と書いて「アマツクツネ」と読んでいる。字はイヌで、読みはキツネ。文字と意味の奇妙なネジレ現象が生じているのだ。もちろん、犬と狐が同じであるといっているのではないだろう。世を騒がせ戦乱を引き起こす妖怪「天狗」の性質が、妖女などに化けて世を乱す狐と似ているという意味で使っているものと思われる。こうしたことは、犬よりも狐がふさわしいと、当時の人々には感じられたのではないか。いずれにせよ、『日本書紀』の和訓が天狗理解に大きな影響を与えていることは確かだ。

『日本書紀』は、奈良時代の養老四年（七二〇）に完成した漢文形式の歴史書である。しかし読み方は、漢文訓読《くんどく》式（漢字の音読みを日本語の助詞や接続詞でつないでゆく方法）ではなく、古来、漢字をすべて大和言葉に置き換える総和訓という特殊な方式がとられてきた。その結果、たとえば「徳」は「イキホヒ」、「孝」は「オヤニシタガフ」、「母」は「イロハ」など、『書紀』だけで通用する独特の読みが多数発生し、まことに難解な分野となっていた。『書紀』の講読も、「紀伝道《きでんどう》」という特殊技術を修めた人々によって行われていた。

ただし、養老四年の成立当初から、『書紀』をすべて和訓で読むと決まっていたわけではない。奈良時代から平安時代にかけて、たびたび『日本書紀』の講読が行われ、その過程で徐々に総和訓読みの伝統が固まっていったようだ。奈良から平安初期までは、講読を行う講師を「明経家《めいけいか》」（儒教学者）が務めることも多く、その場合は漢文訓読式の読みで行われていた。

総和訓といっても、『釈日本紀《しゃくにほんぎ》』（『日本書紀』に注釈を施した書物）は、中国書（『管子』や『易経』など）の引用部分は「唐書の如《ごと》くに読め（一般の漢籍のように読め）」と記している。『日本書紀』は漢文で書かれているので、漢文訓読式で読んでも、内容を読み取る上で何ら問題はない。古代の官僚たちは、漢文訓読によって中国文献を学び、それを暗記して、漢文式の詩文や公文書を書いた。

だから漢文を和訓で読むということは、「日本の歴史書は日本の言葉で読もう」という愛国心に基づいてなされたことであり、当時としても特殊な事例であったといってよい。

平安時代中期以降、『書紀』の講読が紀伝道家の専業となり、大和言葉による総和訓が制度化していった。そのため、『日本書紀』についてのみ、特殊な読みが行われてきたのである。現在残っている最古の訓読の記録も十世紀に書かれたものである。

つまり、『日本書紀』の「天狗」の語に、もともと「アマツキツネ」の読みが付いていたわけではないのだ。世の人々を驚かせるほどの轟きわたる「吠え声」は、狐ではなく犬の声こそふさわしい。僧旻も音読みで「テンコウ」もしくは「テング」と発音していたはずである。あるいは「テンコウ」と「テンコ」(天狐)の音が近いことも、両者を結びつけるきっかけになったということも考えられる。

いずれにせよ、「アマツキツネ」という和訓は、平安時代中期以降、『日本書紀』の総和訓化という特殊事情から発生した。悪霊や物《もの》の怪《け》に怯えるメンタリティーを持っていた平安朝の人々の「心のフィルター」を通して、「天狗」という中国語の読みが和様化したもので、まさに妖魔としての狐や怨霊が跳梁した時代の所産といえる。日本人にとって、妖魔とするなら犬よりも狐が似つかわしいという強い思いがあり、文字が本来表す意味と読みの乖離という奇妙な現象が発生したのである。

天狐の登場

天狗を狐に似た妖怪であると考え、「天狐」とも記すようになるのは、十世紀以後のことである。延喜十七年（九一七）に成立したといわれる『聖徳太子伝暦《でんりゃく》』では、僧旻が語った「天狗」の語を「僧旻法師は、これは天狐というものだといった」としている。これは「アマツキツネ」の和訓から、漢字に変換し直した結果といえる。

また、後でも触れる（五五頁）藤原実資《さねすけ》の日記『小右記《しょうゆうき》』の長元三年（一〇三〇）九月二十五日の条に、娘たちに取り憑いた妖魔として「天狗」の語が出てくる。その傍注には「狐（狗に改めたのは誤りであろう）」と記されている。同じく『小右記』の長元四年九月二十日の条に、

中納言藤原資平《すけひら》が来てこう語った。二人の娘が病に苦しみ、一向に良くなる気配がない。さまざまな霊や貴布弥明神《きふねみょうじん》、天狐などの仕業であろう。長時間の密教修法《しゅほう》やその他の処方をつくしても効き目がないのだ。

とあり、娘たちに取り憑いた悪霊の正体を「天狗」ではなく「天狐」としている。このように、平安時代の諸書には「天狗」と「天狐」を同じものとして扱うものが多い。当時、天狗と天狐はほとんど同義語といってもよいものだった。古くから妖魔的動物の代表的存在であった狐のイメージ

が、天狗には絡み合っているのである。中国でも、唐代の『広異記《こういき》』などの伝奇小説集に「天狐」という妖獣がよく登場する。それが日本に伝わったと考えることも可能だが、日本人の物の怪意識や『日本書紀』の和訓の影響とするのが妥当なのではないだろうか。

3　比叡山と天狗

半鳥半人の天狗

四百年、それは眠りというには長すぎる歳月であった。六三七年の事件は「流星だ」「地雷だ」と世間を大きく騒がせたが、現代のようにメディアの発達していない飛鳥時代のことである。「天狗」と断じた僧旻の解説が、一部の人々の間でなるほどと思われた程度で、「世間から忘れられた」と嘆くことができるほどのインパクトを与えたわけではなかった。単なる文書記録として歴史の闇に埋もれた、というのが実態である。

その天狗が十一世紀から突如としてうごめき出す。復活した天狗は、もはや流星ではなく、人々に取り憑き、予言によって自分の思うように世間をリードする妖怪と化していた。そして復活天狗の史料のほとんどは、仏教僧、とくに天台宗の総本山である比叡山の僧侶との深い関わりを示すものなのである。

たとえば『大鏡《おおかがみ》』天・三条院の巻では、三条天皇（在位一〇一一〜一〇一六年）が長く眼病を患っていた原因を天狗の仕業として、次のように記す。

三条院はご病気のため金液丹《きんえきたん》という薬をお飲みになっていたが、「その薬を飲んだ人が、このように病気になるのだ」などと人は申しておりました。そんな折、桓算《かんざん》という名の供奉僧《ぐぶそう》の物の怪が現れ、「わしが天皇の御首に乗って、左右の羽を御目に覆い申し上げているが、羽をうちはばたき動かす折に、少しお見えになるのだ」といったということです。天皇位をご退位になられたのも、もっぱら比叡山の根本中堂《こんぽんちゅうどう》に病気平癒祈願にお登りになるためでした。お登りになっても、ちっとも効果がおありにならなかったのは残念なことでした。……ですから、いよいよ比叡山の天狗の仕業なのだと、いろいろにお噂申し上げるのです。

十世紀の比叡山延暦寺《えんりゃくじ》の僧侶桓算は、人事上の恨みをいだいて死に、霊鬼と化して平安貴族たちをしばしば悩ませていた。「人事」とは、村上天皇（在位九四六〜九六七年）の長男・次男のどちらが東宮《とうぐう》（皇太子）の位につくかという問題であり、外戚《がいせき》の座をめざす藤原氏の内部抗争でもあった。長男方に藤原元方《もとかた》、次男方に藤原師輔《もろすけ》がつき、それぞれ比叡山の高僧を護持僧《ごじそう》に頼み、自陣の勝利を祈らせたのである。長男の護持僧に任じられたのが桓算、次男方はのちに比叡山中興の祖と呼ばれる良源《りょうげん》である。結局、東宮となったのは次男（冷泉《れいぜい》天皇）であった。外戚の座の夢を絶たれた元方は無念のうちに死に、悪霊と化して冷泉天皇の周辺に祟ったという。護持僧としての勝負に敗れた桓算も、妖魔としての天狗になった。

桓算の天狗は、天皇の首に乗って羽で目を隠し、天皇を眼病にしていた。後で述べるように、日本の妖怪としての天狗は、天台宗との深い関わりのなかで登場する。その姿は、背中に鳥の翼があり、口も鳥の嘴《くちばし》となった半鳥半人である。『大鏡』が説く十一世紀初頭の記録は、すでにそうした日本の天狗の特徴を備えていることを示している。

『大鏡』は万寿二年（一〇二五）を「いま」として書かれている。成立はその年、あるいは十一世紀末と種々の説があるが、三条天皇の時代には、すでに天狗が人々の意識にのぼるという状況があったと考えられる。この記録こそ、「半鳥半人の天狗」（いわゆる烏天狗《からすてんぐ》）としての最初の出現記録といえる。

天台座主の人事に首を突っ込む

比叡山の天狗は、宗門内のさまざまな事柄に興味をいだくようで、人事にも口をはさもうとする。先に触れた藤原実資の日記『小右記』の長元三年（一〇三〇）九月二十五日の条には、次のように記されている。

乙亥《きのとい》、中納言藤原資平が密かにこう語った。「今日の明け方、藤原知章《ともあき》の家族のひとりに天狗が取り憑いてこういったそうだ。『比叡山では天台座主《ざす》の人事が停滞してすでに十余年に及んでいる。権僧正《ごんのそうじょう》の尋円《じんえん》が座主になるとも、ならぬともいわれているが、それは違う。この老翁こそ座主になるべきであり、それが当然のことなのだ。その老翁とは誰かといえば、権律師《ごんのりっし》の良円《りょうえん》である。座主になるときが近づいているぞ。また、関白藤原頼通の御世も長くないのではないか』と」


天狗事件を語った藤原資平は、『小右記』の筆者藤原実資の養子である。天狗が天台座主に推した良円も、実資の実子だ。実資は「自分の息子良円が天台座主になってほしい」と常々願っていたことであろう。そんな実資を喜ばせるような天狗の「憑き物事件」を、養子が伝えたのである。

実資は、当時権勢を誇った摂関家《せっかんけ》の藤原道長・頼通父子に対する唯一の批判者であった。道長からの依頼を断ったり、道長が反対する儀式を行ったりと、なかなかの反骨・気骨の人物として世間に知られていた。「頼通の世も長くない」などと、実資をさらに喜ばせるようなことまで天狗は語っているから、実資家の人々が共有しつつも公言をはばかっていた「密かな願望」が、天狗という憑き物の口を介して語られたといってよいであろう。

ここで興味深いのは、天台座主の人事に首を突っ込み、摂関家の没落を予言していることである。十二世紀以降に大活躍を始める天狗は、天台宗と深く関係した妖怪であった。その先蹤が、座主人事への不満という形ですでに表れている。また、世に動乱を呼び起こす中国の天狗や日本の中世の天狗と同様、早くも摂関家の衰退没落を願っているわけである。

往生伝の天狗

「人間が死んだ後、その魂が阿弥陀如来のいる極楽世界に往生することができれば、永遠の命を得ることができる。そのためには念仏などの修行を重ねなければならない」と説く仏教の流派を浄土教という。平安時代後期は、この浄土教の興隆期であった。とくに寛和元年（九八五）、比叡山の高僧源信が極楽往生のための手引き書『往生要集《おうじょうようしゅう》』を書いて以後、人々の心は浄土教一色に染まる。源信は、『源氏物語』で浮舟を救った横川僧都のモデルとされる人物である。

当時の人々にとって、人生最大の夢は死後の極楽往生であった。往生を遂げた者は、オリンピックの金メダリストのように、憧れのスターのごとく見られていた。彼らがどのように偉業を成し遂げたのか、そのサクセス・ストーリーを知ることは、自分の往生のために参考になるだけでなく、往生者と歓喜を共有する疑似体験の喜びともなる。そんな民心にこたえるように、十一世紀から十二世紀にかけて、極楽往生を果たした人物の事跡を集めた「往生伝《おうじょうでん》」と呼ばれる一群の書物が盛んに作られるようになる。人々は「往生伝」を貪るように読んだ。そのなかに、天狗がたびたび登場するのである。

『続本朝往生伝』は康和年間（一〇九九～一一〇三）に成立した。その僧正遍照《へんじょう》（八一六～八九〇）の伝に天狗が出てくる。天狗は、ある人物に取り憑き、過去の出来事を回想して次のようにいう。

「わしは貞観《じょうがん》時代（九世紀後半）には北山に住んでおった。有験《ゆうげん》の僧に会いたくて、小僧に変身して樹木の下で待っていると、樵《きこり》がやって来た。『政治を取り仕切っている人物の家に連れていってくれ』と頼み、トビに変身して樵の革袋に入り、右大臣の家に行った。袋の口が開くと、さっそく寝殿の右大臣の所へ行き、胸を踏みつけて急病にしてやった」

「病気退散の祈禱に僧正遍照が呼ばれ、十余人の他の護持僧とともに修法を始めた。すると、わしの力は失われ、二日後には鉄網に捕らえられて、護摩壇《ごまだん》の火で焼かれてしまった。燃え尽きて灰となったが、その灰が幸いなことに厠《かわや》に捨てられたので、食べ物を得て何とか蘇生することができた。六年間そこに居て、やっと水門から脱出した」

「僧正遍照が本朝最高の有徳の僧であること、その霊験も比類なきことが身に沁《し》みてわかった。それでも復讐心はやみがたく、さっそく僧正遍照の家に赴いた。六年間も生活していたため、厠に慣れ親しんでしまったようで、僧正遍照の家の厠に三年間も忍んで復讐の機会を狙い続けた。しかし、まったく隙がなく、手が出せないうちに僧正遍照は亡くなってしまい、結局、復讐の企ては失敗してしまったのだ」

僧正遍照は、円仁《えんにん》・円珍《えんちん》の後を継ぐ比叡山の高僧である。ここで語られる天狗は「僧侶にもトビにも変身可能で、人に取り憑いて病気にする」といった超能力を持っている。その力を試すため、有験の僧侶に挑戦するが、体もなく蹴散らされ、復讐にも失敗する。自分が情けない小物の妖怪にすぎないことを痛感させられているのである。

天狗になった僧正

『拾遺往生伝《しゅういおうじょうでん》』は天永二年（一一一一）ごろに成立した。その無道寺・相応《そうおう》和尚の伝には、僧正真済《しんぜい》が天狗となった話が載っている。真済は、藤原氏の圧力によって怨念をいだきつつ死に、皇后に取り憑くのである。

染殿《そめどの》皇后明子《めいし》（藤原良房《よしふさ》の娘）が天狗に取り憑かれ悩まされていた。さまざまな僧侶が加持《かじ》祈禱をするが、虚しく数カ月がたった。天狗は「三世の諸仏でも出現しなければ、だれも私を降伏《ごうぶく》することはできないぞ」と言い放った。相応も祈禱したが効果がなく、不動明王に助けを求めた。すると、夢枕に明王が現れこう告げた。「空海の弟子の真済は政争に巻き込まれ失意のうちに死んだ。その怨念により天狗道《てんぐどう》に堕ち、皇后に取り憑いている。いまから宮中に行き、お前の正体は真済だろうと天狗に告げよ。そうすれば、天狗は観念して捕まるだろう」。相応は不動明王のいうとおりに宮中で加持祈禱して天狗を降伏し、皇后の病は平癒した。

ここでは六道輪廻《ろくどうりんね》（人の魂が天道・阿修羅《あしゅら》道・人道・畜生道・餓鬼道・地獄道の六つの世界を永遠に輪廻転生《てんしょう》し続けること）の世界観に、「天狗道」なる新たな領域を設定している。そして「そこに堕ちた僧侶が天狗という妖怪となり、人に取り憑くなどの悪さをする」という考え方が提示されている。

真済（八〇〇〜八六〇）は空海の詩文集『性霊集《しょうりょうしゅう》』を編纂した実在の名僧である。その才気ゆえに空海がとくに目をかけ、二十五歳の若さで伝法阿闍梨《でんぽうあじゃり》となり、斉衡《さいこう》三年（八五六）に僧正となっている。紀氏出身ゆえに紀僧正《きのそうじょう》とも呼ばれたが、その出自が藤原氏との確執を生んだのであろう。皇位継承にからむ問題で藤原氏の圧力に屈し、隠居して失意のうちに亡くなった。

天狗を退治した相応（八三一〜九一八）は、天台宗の高僧で、円仁の弟子である。「天台宗の僧侶が、天狗化した真言宗の高僧を打ち負かした」ことにより、天台宗の優越性を誇示しようとする意図も見えている。
この話には、十世紀前半に成立した『天台南山無動寺建立和尚伝《てんだいなんざんむどうじこんりゅうわじょうでん》』という元ネタが存在する。そこでは、天狗は「天狐」と記されている。十二世紀前半の『拾遺往生伝』が、それをわざわざ「天狗」と改めたらしい。前述したように、平安時代には『日本書紀』の「天狗」に「アマツキツネ」という読みが付けられた。人に取り憑く狐の性格を天狗が備えていると認識されていたわけで、十二世紀前半には「天狐」を「天狗」とすることも、ごく自然な着想であった。

複雑にねじれるイメージ

また『拾遺往生伝』の沙門真能伝《しゃもんしんのう》には、天狗が「トビの姿をした妖怪」で「僧侶を堕落させるもの」として語られている。

真能は夢のなかで法会《ほうえ》に参加した。その法会は、トビの羽で編んだ袈裟《けさ》を着た怪僧が営んでいた。真能は怪僧から同じ袈裟を授けられる。あやしんだ真能が固辞したところで目が覚め、これは天狗の仕業かと疑う。のちに高野山に登る真能の後ろから、二羽のトビがついてきた。「聖地である高野山にトビがいるはずがない」と周囲の僧侶がいぶかしがる。すると、トビは立ち去っていった。

『拾遺往生伝』で語られる天狗は、何らかの形で僧侶と関わる存在であった。妄執により死後に怨霊が天狗と化し、人々を悩ませる。あるいは僧侶の信仰を惑わせ堕落させることを企てる。その姿は「トビ、あるいはトビの羽の衣を身にまとう半鳥半人」の特徴を備えるのである。

長き眠りから復活した初期の天狗は、なんとも複雑な妖怪であった。名前の「文字」と「読み」と「外見」、この三者のネジレは半端なものではない。天狗、つまり「天のイヌ」の文字を持ちながら、日本ではその性質の類似から「天のキツネ」と読み、実際は「トビ」に似た、翼を持つ半鳥半人の姿というのである。まさに「矛盾の塊」である。言い換えるなら、「焼き鳥」と書いて「おでん」と読み、実態は「クリームあんみつ」というようなものだ。居酒屋にそんなメニューがあったとしたら、客はきっと怒るだろうし、店側も一悶着を覚悟しなければいけない。

おそらくは、妖怪としての天狗の性質が狐と類似していたこと、「テンコウ（天狗）」と「テンコ（天狐）」の発音が類似していたこと、この二点から、読みの和様化として『日本書紀』の「アマツキツネ」の和訓が生まれたと思われる。ただし、それはあくまでも「読み」の問題にとどまる。十世紀から十三世紀にかけての文献で、天狗の姿を狐として記述する例はない。天狗は、復活の初期から半鳥半人の妖怪として登場しており、その姿が狐と同じであると認識されることはほとんどなかったようである。

第三章　『今昔物語集』の天狗たち

1　復活天狗の大活躍

天狗をスターにした説話集

天狗は、十一世紀に妖怪として復活した。だが、当時はまだ駆け出しの妖怪にすぎなかった。何らかの飛躍のきっかけをつかまなければ、以前のように、また歴史の闇に埋もれてしまう可能性すらあった。

天狗がいま、日本の妖怪の代表のようにいわれるようになったのは、ひとえに『今昔物語集《こんじゃくものがたりしゅう》』のお蔭である。十二世紀前半に成立した全三十一巻の『今昔物語集』は、インド・中国・日本に伝えられた多種多様な説話を一千余話も集めた巨編だ。文学的価値において比類なき説話集であるだけでなく、歴史や民俗、政治や経済の史料としても第一級の文献とされる。

その巻二十には、まとめて十話もの天狗の話が収録されている。『源氏物語』や「往生伝」の天狗は、映画でいえばエキストラのような「ちょい役」で、妖怪としての魅力を感じるほどの出番は与えられていなかった。『今昔物語集』に至って初めて、何度も主役を任され、いきいきとした「悪の魅力」を放つようになったのである。いわば実質的デビュー作にして出世作だ。天狗はここを足掛かりに、スター妖怪の階段を駆け上がっていく。

『今昔物語集』の天狗譚からは、天狗というものが十一世紀から十二世紀にかけて、当時の仏教界、おもに比叡山を中心とした天台教団のなかで、ある一定の役割を担わされて熟成された妖怪であることが見えてくる。まずは復活天狗の本格的な活躍の様子を見ながら、天狗イメージの生成過程を探ってみよう。

インドから来た天狗

天狗はもともと中国の流星であったが、『今昔物語集』では、中国や日本だけでなく、遠くインドにまで生息域を広げるグローバルな妖怪として語られている。『今昔物語集』巻二十「天竺《てんじく》の天狗、海の水音を聞きて此《こ》の朝《ちょう》に渡る語《こと》」は、インドの天狗が日本にやって来る話である。

天竺（インド）の天狗が海を渡り、はるばる震旦《しんだん》（中国）に向かっている途中で、海の水に一本の筋を見つけた。そこからは、不思議にも仏教経典の一節が聞こえてきた。天狗は驚き、「この水の正体を突き止め、何とかして邪魔したいものだ」と思って、水をたどり、中国までやって来た。音はまだ先まで続いている。さらに旅を続け、日本の博多を過ぎ、淀川をさかのぼるほどに音はどんどん強くなる。とうとう琵琶湖まで来て、比叡山の横川《よかわ》から出た川をたどっていくと、四天王や護法童子が川を守護している。不思議に思って、出会った童子に尋ねると「この川の水は、比叡山で修行する僧の厠から流れ出ている。だから、水も尊い法文を唱えるのだ。」という。天狗は驚嘆し、仏教を阻害しようとする心もすっかり失せて、「厠からの流れさえこの様ならば、山の僧はどれだけ尊いことだろう。俺もこの山の僧となろう」と決意する。天狗はのちに有明親王《ありあけしんのう》の子として転生し、誓いどおり出家して比叡山の僧 明救《みょうぐ》となった。明救はどんどん出世して僧正となった。

話の主旨は「比叡山の僧侶の素晴らしさを讃える」ことにあるが、トイレの汚水まで美麗で尊い物にし、遠くインドにまで漂わせてしまうのだから恐れ入る。現代なら公害の垂れ流しで、確実に国際問題だ。いずれにせよ、天狗が「インドを含めた仏教圏に広く存在し、仏教流布の阻害を企てるもの」であると、平安時代末期の日本人から認識されていたことがわかる。

天狗の転生

飛鳥時代から奈良時代には、中国や朝鮮などから多くの仏教僧が来日し、明治時代のお雇い外人のように日本の発展に貢献した。海外渡航の便の悪かった時代である。外国人僧侶のなかには、そのまま残留して日本に骨を埋めた者も多かったであろう。インドからやって来た天狗も、改心して転生し、明救という名の日本人僧侶となっている。転生という形で帰化し、日本人となったのである。

天狗が転生した明救は有明親王の五男。寛仁三年（一〇一九）に第二十五代天台座主となった実在の名僧である。この話ではインド天狗の化身であるが、『天台座主記《てんだいざすき》』では「真済の後身ともいわれる」とある。前述した「天狗となって染殿皇后明子に取り憑いた紀僧正真済」の生まれ変わりということだ。真済は真言宗のトップである。インド天狗が転生した明救は天台宗のトップである。天狗は悪のままではなく、改心すれば転生して日本仏教界の頂点に立つこともできるということになる。逆に、仏教界のトップも、怨念をいだけば、たちまち天狗と化してしまう。それでも再び改心転生すれば、トップに返り咲くことも可能だというわけだ。

つまり、天狗は仏教界にとって絶対的な悪、唾棄《だき》されるべき存在と断定されていたわけではないということである。改心すれば更生も出世も可能だし、また、どんな高僧といえども少し油断すれば明日は天狗と化す危険と隣り合わせで生きていたのである。天狗は、仏教における「絶対的な敵対者」ではなく、「反面教師」としても一定の地歩を得ている存在、あるいは仏教界の手の内に収まっている妖怪ということができるであろう。

間抜けでお茶目な中国天狗――是害房の話

「震旦《しんだん》の天狗智羅永寿《ちらようじゅ》、此《こ》の朝《ちょう》に渡る語《こと》」（巻二十）は、『今昔物語集』の数ある天狗譚のなかでも、最も愉快で魅力に富んだ出色の一話である。天狗の本場中国から大天狗が日本に来る。比叡山の高僧たちを「ひとつ揉んでやろう」と胸を貸すつもりで襲いかかるのだが、ことごとく撃退される。それも軽く一蹴される「惨敗の連続」という体たらく。最後は、すごすごと中国に逃げ帰る。この話は『真言伝《しんごんでん》』（『大日本仏教全書』所収）五の二十五「僧正慈忍《じにん》付唐天狗《とうてんぐ》日本に渡る」の条にも見え、古くからの天狗説話が採話されたものと思われる。たいへん面白い話なので、この話をもとに、絵巻物として十四世紀初頭に『是害房絵《ぜがいぼうえ》』（『是害坊絵』とも。ここでは絵巻中の表記に従う）が描かれた。また、芸能としても謡曲の『善界《ぜがい》』、古浄瑠璃《こじょうるり》の『愛宕《あたご》の本地《ほんじ》』など、諸分野でテーマとして取り挙げられている。ここでは『今昔物語集』のストーリーをベースに、『是害房絵』の絵と詞書《ことばがき》も合わせつつ、そのあらすじをたどってみる。

村上天皇の康保三年（九六六）のこと、大唐国の大天狗たちの首領智羅永寿《ちらようじゅ》（是害房）が日本

図 10　是害房と日羅房

にやって来た。是害房は、愛宕山の日本天狗（日羅《にちら》房《ぼう》）に会ってこう嘯《うそぶ》く。「中国はインドに近いゆえ、仏法の威力も強く、天台山や青龍寺《しょうりゅうじ》など、名だたる寺や名僧がひしめいている。だが、我等を凌駕《りょうが》する僧はひとりもいない。日本は辺境の小国ではあるが、仏法東漸《とうぜん》の国なので、少しは歯ごたえのある僧侶もいるかと思い、力比べを兼ね、修行を邪魔してやろうとやって来た。同類のよしみで案内、手引きを頼みたい」（図10）。

　日羅房も「日本は辺境の小国ゆえ、さしたる僧侶がいるわけでもないが、我等も小国の天狗ゆえ力が劣り、歯が立たないことが多い。ここは長年の望みをかなえるために手引き申し上げよう」といって、さっそく比叡山に連れていった。

　是害房は老僧に化け、通りかかった僧を襲おうと待ちかまえた。すると、山の上から余慶《よぎょう》律師が輿《こし》に乗って下りてきた。余慶律師は不動明王の火界《かかい》の呪《じゅ》を唱えていたので、輿の周りは火が燃え上がっていた。是害房は襲いかかるどころか、近づくと焼かれてしまうので、頭を抱えて逃げ隠れた（図11）。それを木陰から見ていた日羅房は、余慶律師が通り過ぎた後、「絶好の相手をなぜやり過ごしたのか」と問い詰める。是害房は「羽を焼かれては中国に帰ることもできなくなる。だか

図 11　火輪に驚く是害房

図 12　制多迦童子に追われる是害房

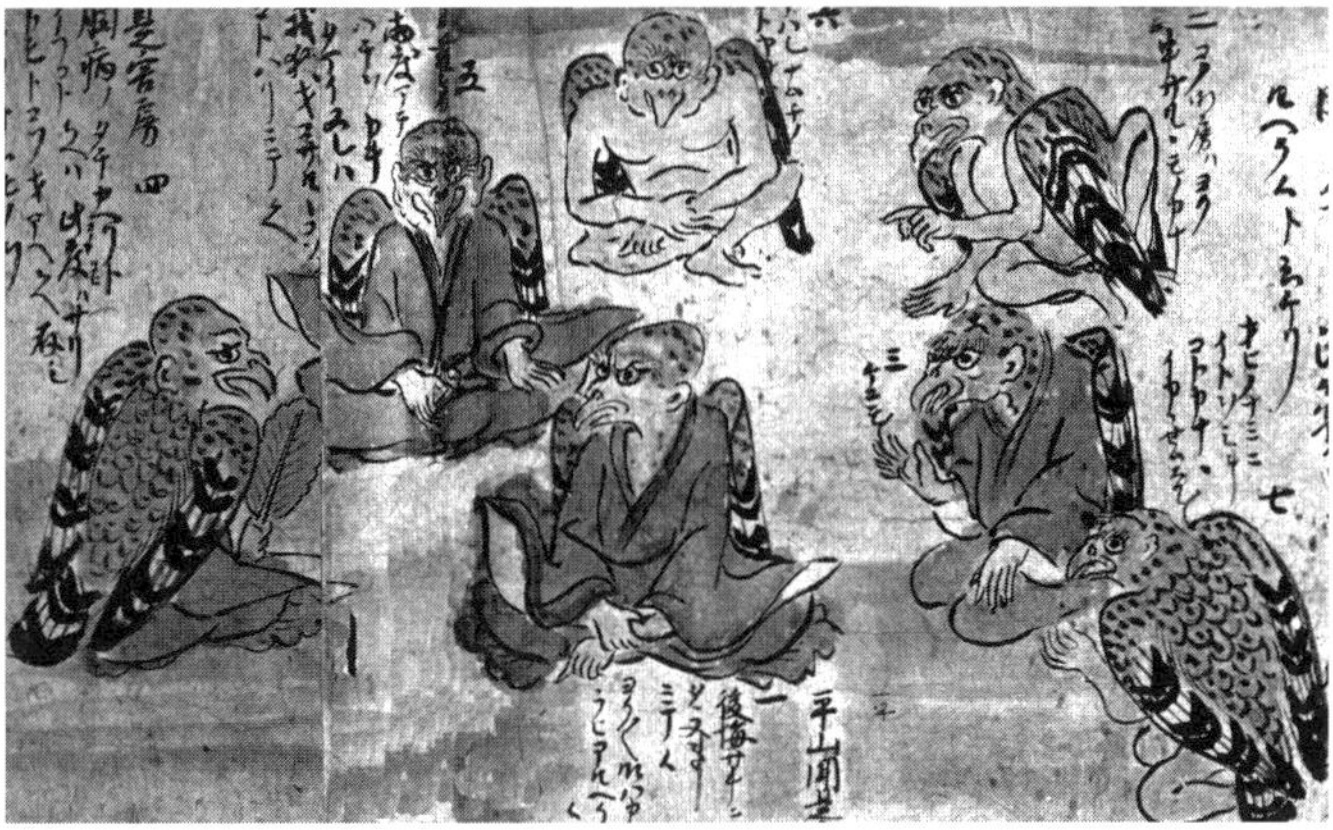

図13　日本天狗に責められる是害房（左端）

ら、このたびはやり過ごしたのだ」と言い繕い、「今度こそは見ておれ」と次の相手を待ちかまえる。

次に山から下りてきたのは、当代一の権力者藤原師輔の子息、飯室《いいむろの》権僧正《ごんのそうじょう》尋禅《じんぜん》であった。尋禅は輿の上で不動明王の慈救《じきゅう》の呪《じゅ》を唱えていたので、輿の前に不動明王の僕《しもべ》である金迦羅《こんがら》・制多迦《せいたか》の二童子が現れ、たちまちに是害房を見つけて追い回す（図12）。是害房は前回同様に、なすすべもなく逃げまどい、何とか二童子をふり切って九死に一生を得ることができた。尋禅が通り過ぎたあと、日羅房が是害房を捜すと、是害房は藪のなかに隠れ、顔色もなく息を切らしているのだった。

「大唐国から来た大天狗が比叡山の高僧に挑んでいる」と聞き、日本各地の天狗たちも期待を胸に集まってきた。だが、ことの成り行きを見て呆れ返り、是害房を取り囲んでなじる（図13）。是害房もさすがにまずいと感じ、申し開きをする。「このままでは恥ずかしくて大唐にも帰れない。この上は、日本に屍《しかばね》を埋めるつもりで、面目一新の活躍をご覧に入れるので、よく見ていて下され」と再び大口をたたくのであった。

しばらくして下の方から天台座主良源の一行が登ってきた。良源は『摩訶止観《まかしかん》』を念じていたので、輿の左右には髪を結った護法童子たちが現れ護衛をしていた。童子たちは、老僧に化けた天狗を目ざとく見つけ、引きずり出して殴りつけ蹴りつけた（図14）。是害房は許しを請いつつ「私は震旦から来た天狗です。ここを通る方を襲おうと待っておりましたが、最初の余慶律師は火界の呪を唱えておられ、火炎で焼かれてしまうかと思い、逃げました。次の飯室僧正は不動明王の真言を唱えておられ、制多迦童子に鉄の杖で追い立てられました。このたびの座主さまは止観を念じられておられたので、このように捕らえられてしまいました」と白状した。童子たちはさらに腰を踏みつけて去っていった。

日羅房が来てみると、是害房は体中の骨を折られて倒れていた。日羅房は気の毒に思い、湯治《とうじ》場《ば》で治療させようと戸板に乗せて運んだ（図15）。しかし、どの温泉でも獣臭いと追い返され、結局、鴨川《かもがわ》の河原で湯を炊いて湯治させることにした（カバー図版参照）。

治療の甲斐あって何とか回復した是害房ではあったが、さすがに懲りた様子。ついに本国に帰ることとなった。日本の天狗たちも集まって、別れの宴が催され、それぞれに和歌を詠んで名残

図 14　護法童子に打ち据えられる是害房

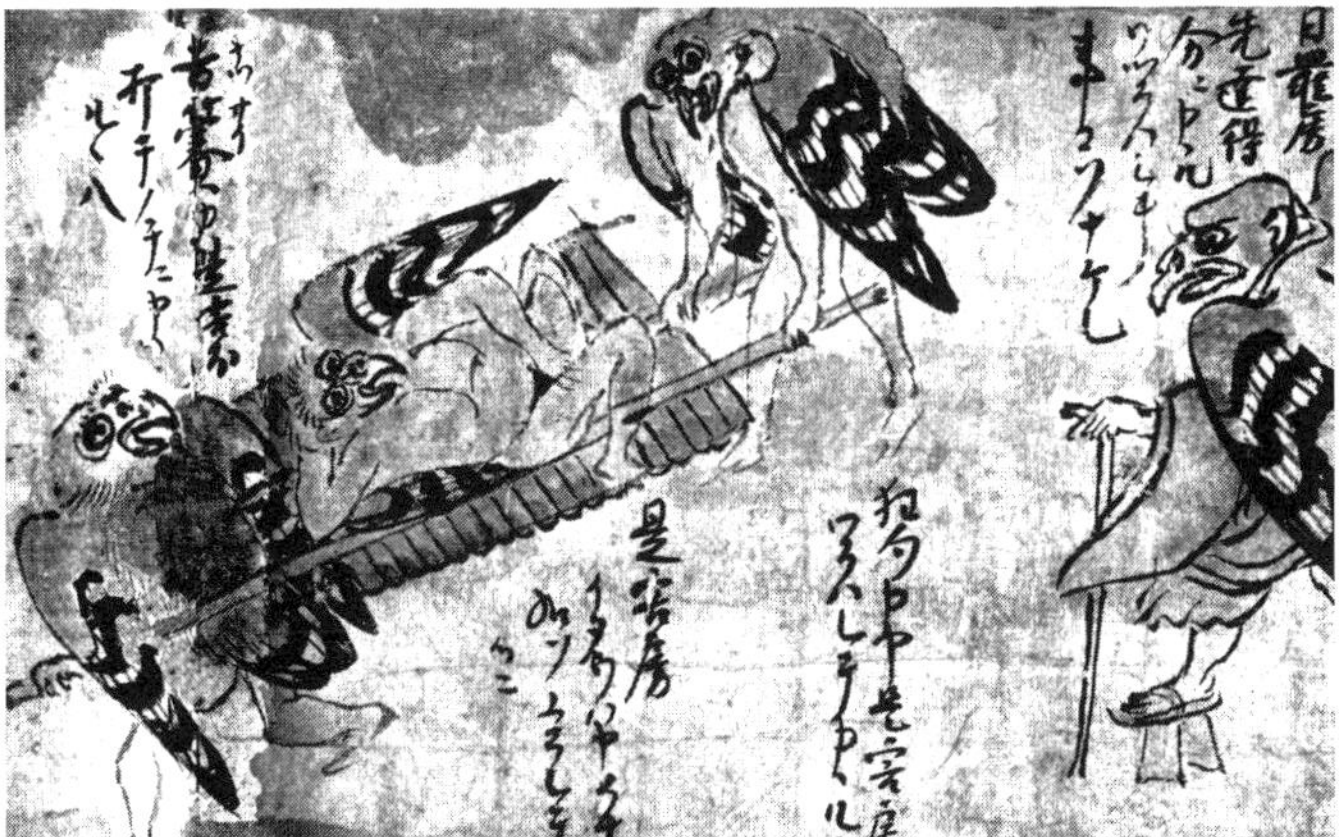

図 15　担架で運ばれる是害房

図16　是害房（左端）送別の宴

を惜しんだ。しかし、陰では是害房の悪口を言い合っているのであった（図16）。

本場中国の大天狗は、「辺境の小国日本の高僧など赤子の手をひねるようなもの」と大口をたたく。だが、いざ暴行に及ぼうとすると、逆に散々に蹴散らされ、打ち据えられて病院送りになる。そのあまりの不甲斐なさは、仏教の偉大さを際立たせるためではあるが、ぶざまというのとは違い、どこか笑いを誘うお茶目な雰囲気を漂わせている。いってみれば、「仮面ライダー」のショッカー構成員のように、ヒーローの引き立て役として屈折した魅力を放つ、愛すべき存在だったといえる。

いま「天狗になる」というと「実力や風格が十分に備わらないのに、慢心して増長した態度をとること」をいい、増長と鼻高が結びついたイメージがある。この時代の天狗はまだ鳥頭の烏天狗であったにもかかわらず、その増長ぶりは相当なもので、鼻高天狗が登場するずっと前から、そうした性格を備えていたことがわかる。

天台宗の派閥抗争

ここに出てくる三人の僧侶、余慶・尋禅・良源は、十世紀末の比叡山の名だたる大立者たちである。当時の比叡山は、「円仁の弟子筋」と「円珍の弟子筋」の二派に分かれ、対立を深めていた。比叡山中興の祖といわれる良源は円仁派で、藤原氏との関係を足掛かりに教勢拡大路線を進めていた。藤原師輔の子尋禅を弟子とし、自らの後継者に指名するなど、権力者の歓心を買う術に長けており、篤実な宗教者からは反感を買うことも多かった。天台座主となってからは、要職を円仁派で独占し、重要な式典から円珍派を排除するなど、派閥優先の教団運営が物議をかもした。

対立する円珍派の総帥が余慶である。天元四年（九八一）の人事騒動のとき、余慶は一派を率いて比叡山を離脱し、最終的に園城寺《おんじょうじ》（三井寺《みいでら》）に移った。これ以後、天台宗は山門《さんもん》（比叡山延暦寺、円仁派）と寺門《じもん》（園城寺、円珍派）に分裂し、長き抗争の歴史を展開するのである。

『今昔物語集』巻二十には、この間の経緯を反映した「良源僧正、霊と成りて観音院に来たり、余慶僧正を伏《ぶく》する語《こと》」が収められている。本文は欠落しているが、「良源の霊が余慶を打ち負かす」

という表題からも、山門と寺門の抗争を背景にしたものであることは明らかだ。良源が山門、余慶が寺門で、両者の対立は根深い。巻二十は天狗話が集中した巻なので、「良源の霊」とは良源が天狗化したものとも取れるが、打ち負かされる余慶が天狗だったとした方が、話の筋はすっきりするだろう。他書には良源の霊が天狗となる話もあり、余慶の墓所に飛来して法談したり、余慶に調《ちょう》伏《ぶく》されたりしている。

是害房の話では、山門・寺門が呉越同舟で外敵天狗を撃退している。派閥抗争に明け暮れた当時の天台宗の、自身への危機感が少なからず反映しているのであろう。両派の対立は派閥間に激しい憎悪を生み出し、両派トップの良源・余慶を互いに天狗呼ばわりするという、宗教者にあるまじき呆れた所業にまで及んでいた。こうして見ると、天狗は天台宗内部の派閥抗争が育んだ妖怪ということもできるだろう。

霊力は高僧をも凌ぐ

ちなみに余慶は「天狗を祭る僧、内裏《だいり》に参りて現《あらわ》に追わるる語《こと》」(巻二十)にも登場している。天狗を祀り、霊力を授かった僧侶がその力によって功績をあげるが、最後は化けの皮を剝がされ、懲らしめられる話である。

円融《えんゆう》天皇のご病気を直すため、有験の僧たちが宮中に召された。加持祈禱して物の怪を払おうとしたが、まったく効果がなかった。奈良の高山《かぐやま》で修行する法師が、たいへんな霊力があると評判だったので、召されて加持すると天皇の病気はたちまちのうちに平癒した。天皇の護持僧だった寛朝《かんちょう》僧正や余慶僧正は、「あの法師の能力がいくら優れているといっても、我々二人が力を合わせても効果がなかったものを治せるというのは合点がゆかぬ」と、二人で法師を囲んで立ててある几帳《きちょう》に向かって二時間ほど加持した。すると、几帳のなかからバタバタという音が聞こえ、犬の糞の匂いが清涼殿いっぱいに漂った。突然、法師が几帳の外に投げ出されたので、法師を取り押さえて白状させると「私は長年天狗を祀り、人から尊ばれるようにしてくださいと祈っていました。その甲斐あって召されましたが、いまはすっかり懲りました。どうぞお助け下さい。」と大声で泣き叫んだ。加持した人々は「それ見たことか」と喜んだ。法師は追放され行方知れずとなった。天狗を祀るような者は、一時的に霊力を発揮しても、結局は化けの皮を剝がされてしまうのだ。

法師の正体を暴いた寛朝は、仁和寺《にんなじ》別当や東寺《とうじ》長者を務めた真言宗の高僧である。余慶は前話にも登場したが、園城寺長吏を経て第二十代天台座主となった天台宗の僧だ。ともに、当時の仏教界のトップである。その二人が治せなかった天皇の病を、無名の法師が平癒させてしまったのだから、顔に泥を塗られたという思いや妬みもあったのであろう。二人で力を合わせての、法師への直接攻撃となった。

平安時代の仏教界は、天台宗と真言宗の二大勢力を中心に、第三勢力としての興福寺や東大寺などの奈良の古寺群があった。さらに各地には、独自の修行によって強い験力を獲得し、民衆の信仰を集めていたインディペンデント系の修行僧群が存在した。二大勢力にとって、既得利権が犯されかねないほどの新興独立勢力の活躍は、目障りに感じることもあったであろう。この話は二大勢力による「出る杭は打つ」式の、法師を天狗に仕立て上げた「新興勢力潰しの話」として読むことも可能であろう。いずれにせよ、天狗の霊力はときとして高僧の力を超える、そんなこともあり得ると、一般的に思われていたということであろう。

中国天狗の民族大移動

是害房の話では、中国と日本の天狗たちが協力し、仏教阻害に邁進する様子が描かれていた。平安時代末期の人々の心のなかで、天狗が「国際ネットワークを持つ妖怪」として成長していたことがわかる。『今昔物語集』巻十「聖人《しょうにん》、后《きさき》を犯して国王の咎《とが》を蒙《こうぶ》り天狗と成れる語《こと》」では、民族移動のごとく、中国天狗の大集団が他国へ移住することが語られている。話の概略は次のようなものである。

むかし震旦（中国）の深山幽谷に庵《いおり》を作り、長年修行している聖人がいた。呪術を身につけ、鉢を飛ばして食を求めたり、水甕《みずがめ》を飛ばして水を汲ませたりすることができた。あるとき、国の王妃の美しさを讃える文を読み、ぜひそばで見てみたいものだと思って、さっそく不動明王の僕である宮迦羅《くから》（金迦羅《こんがら》）を呼び出し、「ぜひ王妃という女人を見てみたい。三千人の后のなかで容姿端麗な者を連れてきてくれ」と頼んだ。

翌日の夜更け、天女と見間違えるほどの美女を宮迦羅が背負い、聖人の前に連れてきた。聖人はたちまち心奪われ、我慢もならずに、無理やり王妃を犯した。翌朝、宮迦羅が来て、王妃を連れ帰った。聖人は忘れがたく、宮迦羅にまた昨夜の王妃を連れてくるよう頼むと、宮迦羅は望みどおりに連れてきて、朝になると連れ帰った。このようなことが数カ月続き、王妃は妊娠した。

ある夜、国王は三千人の王妃のなかで、たまたま例の王妃の部屋に来て、すでに妊娠していることに気づいた。国王が尋ねると、王妃はつぶさに事情を説明し、毎夜連れていかれる場所は見当もつかないと答える。国王は「今夜は、手の平に墨を濃く塗り、湿らせた紙を持っていき、庵の障子紙に押しつけてくるように」と命じた。

その夜、宮迦羅がいつものように王妃を連れていくと、王妃は気づかれぬよう、湿らせた紙で手の墨を潤し、障子に押しつけた。翌朝、王妃が戻ると、国王は紙に王妃の手形を取り、それを人々に示して、「遥か深い山に聖人がいる。その居場所を探し出し、これに似た手形を見つけてこい」と命じた。
使者たちは山々を探し、聖人の庵と手形を見つけて報告した。国王は聖人を捕らえ、遠い所に流した。聖人は、嘆き悲しみつつ死んで、天狗になった。そして多くの天狗を従えて天狗の王となった。しかし、そばにいた天狗は「あの天狗は国王の責めを負って流罪になり死んだ者だ」といって交わらず、十万人の手下の天狗を率いて、他国に渡った、と語り伝えているということだ。

聖人は死後、悪鬼としての天狗となり、天狗界の王となる。それに反感をいだいた一派が他国に移動するのだが、その数が十万人というから、中国に天狗は何十万人もいると想定されていたことになる。「他国」とは、日本のことと考えて不都合はあるまい。それゆえ是害房の話では、天狗の本場は中国であるという認識になっていたのであろう。この話は、他の天狗話とは違って、『今昔物語集』巻十の震旦部に収められており、あるいは元になる話が中国にあったのかもしれない。その原話でも「天狗」が登場していたかどうかは不明とはいえ、貴重な中国の天狗話といえるだろう。

2 幻影装置としての天狗

天狗の来迎幻影

天狗が身に備えたさまざまな妖力、そのなかでとくに重要なのが「人々に幻影を見せる力」である。幻影とは、多くの場合、それを見る者の「こうあって欲しい」「こうありたい」という欲望・願望の投影像となる。

天狗が復活した十一、十二世紀は浄土教の興隆期であったから、人々の切実な願望とは「極楽往生」、つまり死後の「極楽世界での再生」であった。ただし、極楽往生は最終的な結果であり、その前提として、臨終のときに極楽世界からのお迎え、すなわち来迎《らいごう》がなければならなかった。「来迎なくして往生なし」、それが当時の人々の常識であった。来迎のあるなしは、まさに死活問題だったのである。死に瀕して来迎があれば、その至福はこの上ないものだったであろう。一方、「も

図 17　天狗の偽来迎（『天狗草紙』）

し来迎がなかったら」などということは、想像するだけでも、地獄へ落ちるような恐怖を感じていたはずである。

来迎希求という人々の欲望、そこに目をつけ、天狗は幻影力を使い、たぶらかしを図る。「伊吹山《いぶきやま》の三修《さんしゅ》禅師《ぜんじ》、天宮《てんぐ》の迎えを得《う》る語《こと》」（巻二十）は天狗の偽来《にせらい》迎《ごう》に騙された僧侶の話である。この話は、十三世紀末に絵巻『天狗草紙《てんぐぞうし》』（または『七天狗絵』）として絵画化されてもいる。

美濃《みの》の伊吹山に三修禅師という聖人がいた。経典の研究はせず、仏教には無知蒙昧で、ただ阿弥陀の念仏を唱えるだけの修行を長年続けていた。ある夜、仏前で念仏を唱えていると、空から声がして「私を熱心に信仰し、念仏も積み上がったので、明日迎えにこよう」と告げられた。聖人は、阿弥陀様ご自身による来迎のお告げと喜び、翌日、身を清めて西に向かって念仏を唱えていた。夕刻、西の山の向こうから、金色に輝く仏が菩薩たちとともにやって来た。聖人の前に観音が来て、蓮華の台を差し出す。聖人は蓮華台に乗り、阿弥陀仏一行とともに西の空に去っていった（図17）。僧房にいた弟子の僧たちは、感動して、念仏を唱えつつ見送り、冥福を祈った。

　それから一週間ほど後のことである。僧房の下仕えの僧が薪を取りに奥山に入ると、遥かな谷の上に立つ高い杉の木から声が聞こえた。よく見ると、先日ご来迎を受け極楽に行ったはずの聖人が、木の上に裸で縛りつけられていた。弟子が登って助けようとすると、聖人は「すぐに迎えにくるからここで待っていろ、と仏様がおっしゃったのだ。なぜ解き放とうとするのだ」といって承知しない。弟子はかまわず助けほどくと、聖人は「阿弥陀仏様、私を殺そうとする人がいます」といって泣き叫んだ（図18）。僧房に連れ帰ると、弟子たちは

図18　木から降ろされる僧侶
（『天狗草紙』）

聖人のさまを情けなく思い、みな泣いた。聖人はすっかり正気をなくしており、気がふれたまま二、三日で死んだ。魔物の幻術と仏の世界はまったく異なるのに、知恵がないと尊い聖人でも天狗にたぶらかされるのだ。

この話の主題は、天狗の幻影力を通じて、「念仏のみを重視し、経典の研究を軽んじることを戒める」ことにある。また、当時興隆しつつあった空也《くうや》や一遍《いっぺん》などの「念仏を唱えることが往生につながる」という専修念仏の考え方、つまりは浄土教の大衆化路線に対する、比叡山の学問僧の反発心や自負心も反映されているといってよいだろう。

平安時代末期から鎌倉時代にかけて、浄土教興隆という時代思潮のなかで天狗が育まれたことを、この話は如実に示している。天狗は、比叡山の浄土教の枠組みを越えた新仏教勢力の活動に対する、旧仏教側の警戒心や反感を映し出す装置でもあった。天皇や藤原氏などの有力貴族層と結びつき、支配権力と一体化することで経営拡大路線を突き進めてきた天台宗などの旧仏教勢力。一方、そうした状況のなかで取り残され、救いの道を失っていた一般民衆に、仏教者としていかに手を差し伸べられるかという課題に取り組み始めた新仏教勢力。この両者の対立構造のなかから、天狗は成長していったのである。

天狗の偽仏

同様に天狗が偽仏《にせぼとけ》となって人間をたぶらかす話として「天狗、仏《ほとけ》と現《げん》じて木末《こずえ》に坐《いま》す語《こと》」（巻二十）がある。京都の街角で起こった突然の仏様出現事件は、たちまち評判を呼び、多くの民衆が一目その姿を見ようと詰めかけるのである。

醍醐《だいご》天皇の時代、京の五条に道祖神が祀られていた。そこの柿の木の上に仏が現れる事件が起こった。仏は燦然《さんぜん》と光を放ち、さまざまな花を降らせたので大評判となり、京じゅうから人々が集まって拝んでいた。仁明《にんめい》天皇の皇子である右大臣　源　光《みなもとのひかる》は「これは天狗の幻術ではないか。ならば七日間が限度であろう。見にいってみよう」と現場に出かけた。果たして、そこには金色の光を放ち、さまざまな花を雨のように降らせる仏が木の上にいた。源光が瞬きもせずに二時間ほどにらみつけていると、仏は耐えきれなくなったのか、突然大きなクソトビに変化し、翼も折れて地上に落ちてバタバタしていた。これには人々も唖然《あぜん》とするばかり。子供たちは寄ってたかってクソトビを叩き殺してしまった。源光は「やはり本当の仏が木の上になど現れるはずはない。毎日大騒ぎで拝んだりしたのは愚かなことであった」といって帰った。

源光の邪視《イーブルアイ》、つまり魔をはらう眼の呪力によって術を破られた天狗は、樹上から地に落ちて正体を現す。それはトビであった。空から舞い降りて、人々から食べ物をかすめ取る猛禽類は、スリや置き引きのような小ずるい悪党的存在として民衆から軽侮されることも多かった。もっとも、矮小化されてはいるが、天から降りかかる災厄という点では、流星としての天狗と共通する性質を持っているといえるであろう。

霊山会の幻影

「比叡の山の天狗、助けたる僧に恩を報ずる語《こと》」（巻十九）は現代の歴史映画のように、過去にあった有名な出来事を再現して見せる幻術を天狗が使う話である。目次に表題だけはあり、何らかの理由で本文が欠落しているもののひとつだが、鎌倉時代の説話集『十訓抄《じっきんしょう》』に同じ話が載っている。能の『大会《たいえ》』という演目にもなっていて、後世までかなり流布したものなので、内容の概略は知ることができる。

後冷泉天皇の時代のことである。年老いたトビ（天狗）が子供たちに捕まり、いじめられていた。たまたま通りかかった比叡山の老僧がそれを見かけ、助けてやる。天狗は感謝し、恩返しに「何かひとつ希望をかなえてやろう」という。老僧が「もう七十歳にもなるので、望みといってもさしてあるわけでもない。名誉や金もいまさらいらぬが、霊鷲山《りょうじゅせん》でのお釈迦様の説法の光景は見てみたいものだといつも思っていた。その光景をぜひ見せてくれ」というと、天狗は「その程度のものまねなら、俺の力をもってすればたやすいこと。ただし見ても、決して釈迦を尊んだり信心を起こしたりしてはいけないぞ」と条件をつけて、霊山会《りょうぜんえ》の光景を幻出させた。僧侶は、眼前の幻を見るうち感激のあまり涙を禁じえず、信心を起こし、思わず偽の釈迦を礼拝してしまった。すると突然、山鳴りがして、幻は消え失せた。気がつくと僧侶はいつの間にか山奥にいて、ひとり取り残されていた。僧侶が山を下りていくと、また天狗が現れ、「お前が約束を破って信心を起こしたおかげで、護法童子や天童にしこたま打ちのめされたぞ」となじって姿を消した。

インドの霊鷲山で行われたといわれる釈迦による説法は、仏教者ならば誰もが見たいと願う歴史上の出来事だ。そのかなわぬ夢を天狗は幻術で可能にする。現代であれば、歴史エンターテインメント、あるいは教育的プロパガンダ、布教のための有力なメディアとして、高く評価されるところであろう。もちろん、厳格な宗教的見地からすれば、あくまでも妖怪の幻術にすぎず、人心を惑わすものとして否定されるべきものだったのであろう。

ここでの天狗の特徴としては、姿がトビであること、幻術つまり幻覚を見せる霊力を持つこと、比叡山の僧と関係を持ち、僧侶を惑わせようとすること、護法童子など仏教世界の守護神に撃退されたり、懲らしめられたりすることなどが挙げられる。山鳴りという轟音を響かせているのは、護法童子の攻撃、あるいはそれによる幻術の破綻のあらわれであるが、また同時に本来の天狗が流星であり、衝撃波音を発する存在であったことの名残ともいえるだろう。人をいつのまにか別の場所に連れ去っていることについては、いわゆる「天狗さらい」、もしくは後述する「猛禽類の幼児さらい」のイメージが重ねられていると考えられる。

天狗に幻術を習う

天狗が発揮するこうした幻術は、最後は否定されるにせよ、一時的に人々の夢をかなえ、心を魅了するものであった。現代のマジックやイリュージョンのようなもので、その魅力に取り憑かれ、技術を習得したいと願って、天狗に弟子入りする人間が現れるのも、また当然の成り行きであった。『今昔物語集』には、そうした話が二話収められている。

「天狗を祭る法師、男に此《こ》の術《ずつ》を習わしめんとする語《こと》」（巻二十）では、天狗の幻術を習得した人間のことを、天狗ならぬ「人狗《にんぐ》」という面白い名称で呼んでいる。

履物を犬に変えたり、懐から狐を出して鳴かせたり、馬や牛の尻から入って口から出る、そんな幻術を好んで行う法師が京にいた。隣の若い男がその術を習いたいと願い出ると、法師は渋々承諾し「私はとても教えることはできない。偉い人の所に行って習うのだ。連れていってやるが、刀は決して持っていってはならぬぞ」という。男は怪しんで護身用に小刀を懐にして、男についていく。遥かな山中の僧坊に着くと、なかから老僧が出てきた。男に術を教えてほしいと法師が頼むと、老僧はまず男が刀を持っていないかどうか手下に調べさせた。男は「刀が見つかれば殺される。どうせ死ぬのなら老僧を殺して死のう」と思い、刀を抜いて飛びかかると老僧も僧坊も消え失せてしまった。法師は泣いて悔しがり、男を責めたが、家に帰って二、三日で急死してしまった。これは天狗を祀っていたのであろう。このような術を行う者は「人狗」といい、人間ではないのだ。

幻術は使っても、天狗のように悪意を持って利用するのではなく、エンターテインメントの技術として使うのであるから、あくまでも芸人であり天狗と呼ぶわけにはいかないということであろう。こうした幻術のエンターテインメント性は、次の「陽成院《ようぜいのいん》の御代《みよ》に、滝口《たきぐち》、金《こがね》の使《つかい》に行く語《こと》」(巻二十)にも表れている。

陽成天皇の時代、陸奥《むつ》の国で産出した黄金の輸送役として、道範《みちのり》という名の滝口の侍(宮中の警護に当たる武士)が遣わされた。道範は都を下り、信濃《しなの》の郡司の家に泊まった。夜、郡司の若妻の部屋を覗き、邪心を起こして言い寄ると、若妻は幻術を使って道範を懲らしめた。道範は、その術をぜひ習いたいものだと思い、郡司にたくさんの土産を与えて頼んだ。郡司は道範を川のほとりに連れていき、「絶対に仏教を信じない」などと誓願させた。そして「川上から何が下ってきても抱きつくように」と命じる。すると川上から大蛇が現れたが、道範は怖くて抱きつけなかった。次に大イノシシが来て、思い切って抱きつこうとしたがまたも失敗した。郡司は「これではたいした術はお教えできません。たわいもない物を何かに変える術を教えましょう」といって、道範に術を教えた。道範は京に帰り、滝口の詰め所で履物を犬や鯉に変えてみせた。陽成天皇もこのことを知り、道範を呼んでこの術をお習いになり、御几帳の横木の上に賀茂祭《かもまつり》の行列を通らせたりなさった。これは天狗を祀り、仏教を欺くものであろう。

郡司と妻は天狗を祀り、その術を授かったかなりの使い手、あるいは自身が天狗であったのだろう。天狗はさまざまな幻術を身につけているが、それはさすがに高度な技術で、生半可な人間の習得できるものではないようだ。手っとり早く習えるのは、履物を動物に変えたり、家具の上にミニチュアの行列を通らせるといった軽い手品、イリュージョンの類なのであった。現代ならば、それだけでマジシャンとして名声を博することができるであろうが。

3　天狗説話のバリエーション

女天狗出現

現代の我々は、後世の鼻高天狗のイメージもあって、天狗を男としてしか見ていないが、『今昔物語集』の時代には女であっても不思議ではなかったようで、天狗を女として語る話「仁和寺の成《じょう》典《でん》僧正、尼天狗《あまてんぐ》に値《あ》う語《こと》」（巻二十）が載っている。

仁和寺の成典僧正は真言密教を学び、仁和寺で修行していた。寺の円堂には天狗が住んでいるといわれていた。あるとき成典が円堂で修行していると、扉からなかを覗くひとりの尼がいた。尼はすっと堂内に入り、僧衣が入った箱を取って逃げた。成典が追うと尼は堂の後ろの扉から出て、高い槻《つき》の木の上に登った。成典が木の上に向かって加持すると耐えきれずに地に落ちた。二人はしばらく箱を奪い合ったが、尼は箱の端を引き割って逃げ去った。その尼を「尼天狗」といっている。

木の上にさっと登る姿には、樹上にとまる半鳥半人の鳥天狗のイメージも窺える。

「仏眼寺《ぶつげんじ》の仁照《にんしょう》阿闍梨の房《ぼう》に天狗の託《つ》きたる女来たる語《こと》」（巻二十）は純粋な女天狗ではないが、女に乗り移って僧侶を誘惑する話である。


京都東山の仏眼寺に仁照阿闍梨という僧がいて修行にうち込んでいた。ある職人の妻がたびたび仁照のもとにやって来て食べ物を差し入れる。たまたま僧房に仁照しかいなかったとき、その女は仁照への愛を告白し、振りほどくこともできぬほどに強く抱きついてきた。仁照は不動明王に助けを求めると、女は投げ飛ばされて独楽《こま》のように回り始め、さらに柱に頭を何十回も打ちつけた後、助けを求めて、「私は東山の大白河《おおしらかわ》に行き来している天狗です。空を飛んでいるときに貴方の修行の様子を見て、堕落させてやろうと思い、この女に取り憑きました。しかし、いまは翼もすっかり打ち折られ、もう懲り懲りです」といって泣いた。仁照は不動明王に祈って、女を許してもらうと、女は憑き物が落ちて正気に戻り、何もいわずに帰っていった。以後は女も現れず、仁照も油断なく修行するようになった。

女に乗り移り、色仕掛けで誘惑し僧侶の修行を邪魔するのは、仏教の阻害者である天狗としては当然の手段といえる。空を飛び、翼が折られたといっているので、その姿はやはりトビ、あるいは鳥天狗であろう。

龍と天狗の戦い

『今昔物語集』には、龍が天狗に食われそうになる話「龍王《りゅうおう》、天狗の為《ため》に取らるる語《こと》」（巻二十）がある。日本の初期の天狗は、正体がトビ、あるいは半鳥半人の妖怪とされる。そうした猛禽類《もうきんるい》がしばしば蛇を餌とすることから、猛禽類の長ならば龍に勝る力を持つという考え方に発展したのであろう、インド神話に登場する巨鳥ガルダは龍を食うといわれる。龍のままならば天狗ごときに不覚をとることもなかっただろうが、そのときはたまたま小さい蛇に変身していた。猛禽類のなかでは軽侮されるトビであっても、蛇にとっては天敵である。蛇になっていた龍は、危うくトビ（天狗）の餌となりかけたのである。

讃岐《さぬき》の万能《まの》の池に一匹の龍が住んでいた。ある日、日光浴をしようと堤に上がり、小さな蛇の姿に変身してとぐろを巻いていた。近江《おうみ》の比良山《ひらさん》の天狗がトビの姿になり、万能の池の上をたまたま飛んでいたとき、その小蛇を見つけ、急降下して両爪で引っさらった。天狗は小蛇を食べようとしたが、さすがに小蛇とはいえ龍の化身なので、思うようについばむことができずにもてあました。結局比良山の住みかの洞窟に戻り、小蛇を小さな穴に閉じ込めてしまった。小蛇は、一滴の水もないので龍に戻ることができず、閉じ込められたまま死に絶えようとしていた。

次に天狗は高僧をさらおうと比叡山に行き、小用をたして水瓶《すいびょう》で手を洗おうとしていた僧侶をさらい、洞窟に戻って小蛇のいる穴に投げ下ろした。龍は僧侶の水瓶に残っていたひとしずくの水を受けて元気を取り戻した。恩返しのために、龍は僧侶を背負い、比叡山の僧坊に戻してやった。次に仕返しのために天狗を捜すと、天狗は荒法師となり、京で寄進を募っていた。龍は空から舞い降り、天狗を蹴り殺した。天狗は法師から翼の折れたクソトビの姿になり、大路で人々に踏みつけられた。比叡山の僧侶は、龍の恩に報いようと修行に励むのであった。

街で寄進を募る僧侶のなかにも、ときとして悪僧がいて人々の顰蹙《ひんしゅく》を買っていたのであろう。それを天狗として退け、比叡山で修行に励む僧侶を讃える内容となっている。龍が天狗に復讐を遂げるこの話は、その後も長く伝承されたようで、中世の御伽草子《おとぎぞうし》『秋の夜の長物語』にもなっている。

第四章　天狗再登場のメカニズム

1　発生初期の天狗イメージ

初期天狗イメージの特徴

前章までの検討で、飛鳥時代から平安時代末期にかけての初期天狗のイメージが明らかとなった。大まかな特徴を列挙すると、次のようになるであろう。

a．本来、天狗は流星であり、その姿は中国では犬だったが、日本ではトビ、もしくは半鳥半人となった。

b．山中で怪音を発する。これは「強烈な衝撃波音」という、流星に伴う怪現象の余韻が妖怪へ発展したものと考えられる。

c．人をたぶらかして連れ去り、あらぬ所に置き去りにする妖怪。『源氏物語』の浮舟を見つけた横川僧都の所感、来迎幻影で僧侶を連れ去る話、トビになった天狗が僧侶をさらって洞窟に閉じ込める話がこれにあたる。おそらく、後述する猛禽類による幼児さらいの影響を受けているものと思われる。

d．郊外の寂しい場所に出没し、人々に死をもたらす。

e．狐と同様の性質を持つ。

f．比叡山の僧との関わりがきわめて強い。平安時代末期の天台宗内部における諸事情とリンクする形で成長していった妖怪ともいえる。具体的には、山門派と寺門派の対立状況が強く影響している。比叡山の僧侶は、怨念や妄執によって天狗化する。その霊力は、ときとして高僧を凌ぐこともある。あるいは、比叡山の僧が天狗を退治するケースもあり、この場合、天狗は滑稽な「やられ役」、天台僧侶の引き立て役となる。天台宗の人事に首を突っ込んだり、偽法師となって市中に出没し、布施を集めたりもする。

g．天狗はインドや中国にもたくさんいる。むしろそちらの方が天狗の本場であると、平安時代の日本人は考えていた。インドや中国の大天狗が日本にやって来たり、また多数の天狗が民族大移動のごとく他国へ移住したりもすると考えられていた。

h．幻影を見せる力を持つ。偽来迎、偽仏、霊山会の幻影、エンターテインメント系マジックなど、時代思潮を反映しつつ、各社会階層の欲求に合わせて、自在に幻影を操ることができる。

背景に覗く流星現象の影響

一見、複雑に見えるこうした諸々の特徴も、その構造を単純化すると「流星の災厄」、つまり「天空から突然降りかかり、強烈な音を伴い、戦乱・騒乱をもたらす天体現象」の展開形といえるものがほとんどではないだろうか。

戦乱や騒乱は、社会の対立構造のなかから生まれる。災厄をもたらす妖怪・天狗は「流星のイメージに、対立ファクターを掛け合わせて生み出されたもの」ともいえる。対立ファクターとは、仏教内部であれば山門と寺門の対立、天台・真言両派の確執、両派と中小独立勢力の対立、藤原氏内部の外戚争いの確執を背景にした仏教僧の対立などである。天狗はそのなかで出現し、育成されたといってよい。

こうした対立ファクターは、時代が下れば、源平の合戦や南北朝の対立構図などに受け継がれていく。また、江戸時代の儒学者林羅山《はやしらざん》が、仏教嫌いゆえに空海や最澄《さいちょう》をはじめとする歴代の名僧をみな天狗と決めつけるのも(『本朝神社考』)、思想的対立に天狗が援用されたものといえる。

流星の衝撃波音が古代社会にもたらした畏怖と、そこから生み出された怪異伝説は、『宇津保物語』の山の怪音につながっているであろう。これは後世の「天狗倒し」や「天狗笑い」「天狗の太鼓」といった、怪音を伴う天狗現象にも影響している。「天狗倒し」とは「山中で大木が倒れる音がするが、行ってみると何もない」というもの。「天狗笑い」は「山中どこからともなく大勢の人の声や高笑いが聞こえてくる」ことである。こうした音にまつわる怪異の多くに天狗が関わっているのも、流星の衝撃波音があってこそ、といえる。

流星の「天空から突然降りかかる災厄」、あるいは「空からの怪異」としての性質は、トビとなった天狗が僧侶を連れ去る『今昔物語集』の話などに展開している。空から舞い降りて人を連れ去る話は、これから述べる「天狗さらい」というモチーフに集約される。また、第一章で触れた「天狗の礫《つぶて》」、つまりどこからともなく降ってくる石も、隕石現象をもとにした怪異である。

出所の知れぬ不思議な石の、後世の展開形としては「天狗の爪」や「天狗の鉞《まさかり》」などが挙げられるだろう。地中や石のなかから現れたサメの化石、石器時代の鏃《やじり》などを、江戸時代には「天狗の爪」と呼んでいた。「天狗の鉞」は、石器時代の遺跡から出土する石斧のこと。「雷斧《らいふ》」ともいわれ、落雷のときに天から落ちてきたもの、雷神の下した鉄槌《てっつい》であるとする考え方もあった。考古学的知識のなかった時代の人々にとって、地中から出土する遺物は不可解きわまりないものであった。突然現れるこうした得体の知れぬ物を、みな天狗で説明しようとしたのである。出所不明の怪しいデマを「天狗沙汰《ざた》」、どこからともなく出現する怪文書を「天狗の投文《なげぶみ》」というのも、同類と考えてよいのではないか。

このように、一見多種多様でとらえどころのない天狗絡みの諸現象も、「流星現象の展開形」というフィルターをかけることによって、かなりすっきり整理できるのである。

2 「天狗さらい」の系譜

人間の生活圏に踏み込む猛禽類

ある日突然、神隠しにあったように子供などがいなくなる。古くは、そうした現象を「天狗隠し」、あるいは「天狗さらい」といっていた。消え去った後に履物が揃えて置いてある、しばらくしてから何度も探した場所や屋根の上、木の上などで発見されるということが多いともいう。天狗さらいと同類の話は、すでに『今昔物語集』の天狗譚のなかにある。偽来迎に騙されて連れ去られた僧侶が山奥の木の上で発見された話、比叡山の僧侶が万能池の龍とともに天狗にさらわれ洞窟に閉じ込められた話がそれにあたる。

これらの話は、かつての日本でしばしば起こった鷲《わし》や鷹《たか》などの猛禽類による幼児さらいの影響を強く受けていると考えられる。

古代といわず、第二次世界大戦後の高度成長期直前まで、日本は農業国であった。国民のほとんどは、田畑の労働で一日を過ごすことが普通だったのである。そんなころには、鷲や鷹などの猛禽類に子供がさらわれる事件はよくあったようだ。

農作業は一家総出で行うことが多い。乳飲み子を抱えた母親も、重要な働き手として駆り出される。母親が田畑で働いている間、畦道《あぜみち》の脇に寝かせておいた赤ん坊がいつのまにかさらわれていた、というケースが多かったであろう。幼児や家族に降りかかる日常的な危機として、猛禽類による嬰児《えいじ》さらいは多発していたのである。

猛禽類は、普段は野山の兎や田畑のモグラなどの小動物を狩って食料としている。オオタカの場合でいえば、まず樹木の上にとまって、遠くの田畑をじっと見つめている。猛禽類はたいへんに目が良い。モグラが巣穴から余計な土を外に排出するため、地表近くに出てきたほんのちょっとした地面の動きを敏感に察知する。すると樹上から飛び立ち、ほとんど翼を羽ばたかせず、音もなく滑空して近づき、鋭い足の爪で獲物を一瞬にして捕らえてしまうのである。そして地上に降り立つこともなく、そのまま翼を羽ばたかせて上昇し、遠くの樹上でゆっくりとついばんだり、雛鳥が待つ巣に運んだりする。

図19、20は『天狗草紙』の一場面である。京都の四条河原《しじょうがわら》で、人が肉をさばいていた。それを空から舞い降りて奪おうとした天狗（猛禽類）が、肉に仕掛けてあった針を足に引っ掛け、子供に捕

まる場面である。こうしたことはいまでもあり、神奈川県江ノ島の片瀬海岸で、浜辺でくつろぐ人々からマクドナルドのハンバーガーをトビがかっさらっていく映像などを、テレビのニュースで目にしたりする。

人間の赤ん坊は、生まれたばかりのころは体重が二〜四キログラムほどであり、兎などとほとんど変わるところはない。兎と違って動かないから、大人たちの隙をつけば、簡単に手に入る餌なのである。赤ん坊をつかみ、飛び上がるときの羽音を聞いて、親たちは子供がさらわれたことに気づ

図19　子供に追われる天狗（『天狗草紙』）
図20　捕まった天狗（同上）

く、ということだったろう。「天狗隠し」「天狗さらい」は旧暦の四月に多いといわれる。そのころはちょうど鳥たちの子育ての時期であり、旺盛な雛鳥の食欲を満たすために、敢えて人間の生活圏に侵入して食糧を奪ったりするのである。このような猛禽類による幼児さらいを「天狗隠し」「天狗さらい」と呼ぶのも、「天空から降りかかる災厄」という流星天狗のイメージを受け継ぐものといえるだろう。

猛禽類にさらわれる子供たち

幼児が猛禽類にさらわれる話では、奈良東大寺の「良弁杉《ろうべんすぎ》の故事」が有名である。良弁杉とは、二月堂の脇にあった巨木で、奈良時代に東大寺を開いた良弁（六八九〜七七三年）の名にちなんでいる。良弁は百済《くだら》系渡来人の末裔で、名僧義淵《ぎえん》の弟子である。法相宗《ほっそうしゅう》を学び、『華厳経《けごんきょう》』などの研究で研鑽を積み、当時の仏教界で主導的役割を果たした。東大寺大仏の造像に当たって聖武《しょうむ》天皇を助け、初代東大寺別当に任じられた。

なかなか子宝に恵まれなかった母親が観音に祈願してやっと授かった子供、それが良弁であった。まだ二歳のころ、母親が桑摘みに連れていったときに、良弁は大鷲にさらわれてしまった（図21）。鷲に運ばれて奈良の春日《かすが》神社の近くの巨木の上で食べられようとしていたところを、義

図21　**大鷲にさらわれる良弁**（絵金筆「花衣いろは縁起」）

淵に助けられる。良弁は僧侶として育てられ、のちに東大寺を開基するほどの名僧となった。

一方、母親は連れ去られたわが子を追って、三十年余りも山野を流浪する。しかし見つけることができず、とうとうあきらめて帰りの船に乗った。そこで噂話に「東大寺の良弁という高僧は、むかし鷲に食べられそうになっていたのを救われた人で、年齢も三十過ぎだ」と聞き、東大寺に向かう。事情を書いた紙を境内の大杉に張り、高僧に会う機会を待つと、良弁はそれを目にとめ、母親に問いかける。母親が子供の首に掛けていた観音像入りのお守り袋が証拠となり、三十数年ぶりに親子は再会を果たすのである。母が張り紙をした大木は、かつて幼い良弁が鷲に食われんとしていた巨木であった。これ以来、二月堂脇のこ

図22　歌舞伎『二月堂良弁杉由来』

の木は「良弁杉」の名で呼ばれるようになったという。

この話は、鎌倉時代末期の『元亨釈書《げんこうしゃくしょ》』をはじめ、『本朝高僧伝』など諸書に記載されており、古来、親子の別離と再会をめぐる奇縁譚として有名だったようだ。『東大寺要録』では古老の言い伝えとして、鷲にさらわれたわが子を父母が探し歩き、ついに良弁と再会した話を載せている。良弁杉そのものに赤ん坊が引っ掛かっていたかどうかは別にして、まったくの作り話とは考えがたく、おそらくは実話に基づいた説話であろうと思われる。

この話は、明治二十年に人形浄瑠璃『観音霊験記《かんのんれいげんき》三拾三所花野山』として上演され、人気を博した。大正時代以降は、歌舞伎でも『二月堂良弁杉由来』（図22）として上演され、現在に至っている。もとの良弁杉は昭和三十六年の台風で倒れてしまい、その枝を挿し木したものが大きくなって現在に至っているという。

まさに鷲づかみにされたわが子が、空高く山の彼方に連れ去られていく。そのさまを、成すすべもなく見つめる良弁の両親の姿は、かつての農村社会では珍しくない光景であり、それゆえに、人形浄瑠璃や歌舞伎で良弁杉の話が上演されれば、日常生活に降りかかる突然の悲劇と親の悲しみを、観客は十分な実感、共感をもって受け入れることができたのである。

いまは託児所があるので、夫婦共働きでも乳飲み子を抱えたまま外で働く必要もないし、戸外に置いたままの状態にするのは、幼児を危険にさらす犯罪ともとられかねない。現代人がこうした演劇のシチュエーションにリアリティーを感じるのは難しいのかもしれない。「良弁杉の由来」は、「鷲によって引き離された親子の情愛」というシンプルな主題ゆえに、かえって芝居としての面白みに欠けるともいえる。明治・大正時代はいざ知らず、現在では浄瑠璃・歌舞伎とも演目としての人気がなくなり、あまり上演されることはない。

『今昔物語集』にも、良弁の逸話とほとんど同じ話がある。巻二十六「但馬《たじま》の国にて鷲の若子《わかご》を攫《つか》み取る語」がそれである。

但馬の国に住む人の赤子が、庭を這《は》い這いして遊んでいると、鷲が空から飛び降りてつかみ取り、さらっていった。父母は取り返そうと追いかけたが成すすべがなかった。十数年後、父親が用事で丹後の国に旅し、ある人の家に泊まった。その家の娘は、近所の子供たちに「鷲の食い残し」といわれていじめられていた。家の主人に聞くと、「ある日、鷲が鳩の巣に赤子を落としたのを、取り下ろして育てたのがこの子なので、そのようにいわれるのだ」と答えた。日付を考えると自分の子がさらわれたときと一致する。主人に事情を話すと、顔も娘と瓜二つなので親子に間違いないとわかった。深い因縁によるめぐり合いと感動し、娘は生みの親と育ての親を行き来して幸せに暮らした。鷲は赤子をすぐに食い殺してしまいそうなものを、生きたまま巣に落としたとはまことに不思議。前世の宿報、父子の宿縁であろう。

この話の出典は『日本霊異記《りょういき》』上・九であり、同じ話が『扶桑略記《ふそうりゃっき》』巻四・皇極天皇の条、『水鏡《みずかがみ》』皇極天皇の条にもある。こうした事件が、かつては日常茶飯事のごとく起こり、多くの親たちを悲しませていたことのあらわれであろう。鷲にさらわれた愛児と再会する話は、ほかにも『神道集《しんとうしゅう》』巻六・三島之大明神《みしまのだいみょうじん》之事、中世の御伽草子『みしま』の三島明神縁起譚など類話も多い。良弁の逸話は特殊な事例ではなかったのである。

「鵄」はトンビか?

平安時代末期に登場した初期の天狗は、人間の姿をしていながら、時に口が鳥の嘴になり、背中に翼をつけた半鳥半人、あるいは完全な鳥の姿となって、自由に空を飛ぶ。鳥の種類は「鵄」「鴟」

図23　ノスリ

図24　トビ

「鳶」などの字が当てられるが、読みはいずれも「トビ」であり、「クソトビ（屎鵄）」と呼ばれることも多い。それはどのような鳥なのだろうか。

この当時の「トビ」は、いまのトビ（トンビ）をさすのではなく、ノスリ（図23）やチョウゲンボウなどの中型猛禽類に当てられた言葉であると、古典文学の注釈などには書かれている。図24は実際の「トビ」だが、体全体がほぼ茶褐色で、白い斑点が多少散る程度の地味な姿である。目の周りはやや横長にくぼみ、アイシャドーをかけたように色が濃くなっていて、凶悪そうな、良くいえば精悍《せいかん》な雰囲気が顔に漂う。これを『是害房絵』の天狗（第三章図10～16）と比較すると、天狗の肩羽や尾羽にははっきりとした横斑《おうはん》（横筋模様）が何本も入っており、「トビ」とは明らかに異なる。こうした横斑は、オオタカやハイタカ（図25）などの他の猛禽類に見られるものである。背中側よりも、むしろ腹側から見た方が横斑ははっきりし、羽を折り畳んで木にとまっている状態では、さほどはっきりは出ない。どうも『是害房絵』の天狗は、空を飛ぶハイタカなどを下から見たときの羽の模様を、背中側に描き込んだものと考えたほうがよさそうである。特定の鳥というのではなく、人が目にするさまざまな猛禽類の特徴を合成したイメージなのであろう。

図25　ハイタカ

ならば、天狗の正体は「トビ」ではないと言い切ってよいようにも思えるが、実際は必ずしもそうではない。図20の『天狗草紙』で肉を奪おうとして子供に捕まる天狗は、全身が茶褐色で横班もなく、目の周りが黒くなっている。画家は明らかに「トビ」を意識して描いているのである。

つまり初期天狗の正体といわれる「トビ」は、画像表現を見る限り、当時の人々にとっては「人間の生活圏に侵入して悪さをする、トビも含めたさまざまな猛禽類一般」ということになろう。

3 天狗の鼻はなぜ高い

鼻高天狗のルーツを探る

いま私たちがよく知る天狗の一番の身体的特徴といえば「鼻高」であろう。まるでピノキオのごとくそそり立つ鼻こそ、天狗イメージの中心にあるといってよい。

天狗は、自分の実力如何にかかわらず、常に威張り、偉そうにふるまう。それが畏怖をいだかせると同時に、滑稽さをも醸し出している。隙を隠しきれていない中途半端な居丈高、それが天狗独特のどこか憎めない魅力にもつながっている。天狗のそうした特徴は、顔の鼻高と結びつき、増長して自慢げにすることを「鼻高々」という表現にもなる。もちろん、威張って顎《あご》を上げれば、鼻の位置も当然上がって高くなることも関係しているだろう。

いずれにせよ、中世末期から近世にかけて、天狗は修験道との関係を強め、結果としてその姿は山伏のごとくになり、半鳥半人の烏天狗の形態から少しずつ離れていく。そして赤い顔で鼻が異常に高くなるのである。天狗の鼻はなぜ高くなったのか、鳥の顔から何ゆえに鼻高人面になるのかということは、天狗を論じる上でどうしても避けて通れない問題であり、これについてはすでにさまざまな説が提示されている。

伎楽面の西域胡人

ひとつは伎楽面《ぎがくめん》の影響と見る説。伎楽は飛鳥時代に中国から伝えられた仮面劇で、楽器の演奏をバックに、滑稽な内容と笑いを誘うしぐさを無言で演じるものである。奈良時代、とくに東大寺大仏開眼会《かいげんえ》（七五二年）をピークとして、各寺院が専属の演者たちを抱えるほど盛んに行われたが、平安時代に入って、より典雅な舞楽《ぶがく》などの芸能が整備されていくにつれて廃れ、鎌倉時代以降は消滅してしまった。

インドや西アジアなど西域の楽舞の影響も指摘されているように、使われる仮面には鼻高の西域胡人《こじん》の顔貌をしたものが多い。治道《ちどう》（図26）は、登場人物たちの行列の先頭で露払いをする。赤ら顔で鼻が高く、後世の天狗とたいへ

図26　伎楽面の治道

図27　伎楽面の酔胡王

んよく似ている。酔胡王《すいこおう》（図27）とそれに付き従う酔胡従《すいこじゅう》たちは、まさに鼻高の西域胡人の顔貌である。インドの高僧婆羅門《ばらもん》も同様で、中国の呉王《ごおう》も胡人ほどではないにせよ、かなりの鼻高であることが多い。寺院で行われていたこうした滑稽な演劇の仮面が、天狗の鼻高につながっていくという考え方である。

西域胡人風の天狗

これに関連して私が指摘しておきたいのは、『春日権現験記絵《かすがごんげんげんきえ》』に初期の天狗としては特異な西域胡人風の天狗が描かれていることである。『春日権現験記絵』は、『是害房絵』が制作された延慶元年（一三〇八）の翌年に作られた絵巻物で、奈良の春日明神の由来や霊験についてのさまざまな物語を集めたものである。その巻五に藤原季能《すえよし》の話がある。

正三位《しょうさんみ》藤原季能は、日頃から春日明神を崇敬していた。ある夜、夢のなかに異形の僧侶が現れ、季能に近づいてきた。手足は毛むくじゃらで、口は鳥の嘴、「これは天狗だ」と気づき、誰か呼ぼうとするが、うなされるばかりで声が出ない。そのとき、妻戸をたたく音が聞こえた。誰かが訪ねてきたようだ。家人が名を尋ねると「春日神社の使者です」と答えた。春日明神の名を耳にした僧天狗は慌てふためいて逃げ出し、季能は難を避けることができた。

図28　西域胡人風の天狗（『春日権現験記絵』）

夢のなかで襲ってきた天狗が春日明神の威光で退治されるわけだが、そこに添えられた画中の天狗は、図28のように頭頂部が禿げ上がり、顔の彫りは深く、大きな目、大きな鷲鼻、顎ひげと鼻下の口ひげ、手足には黒々と体毛が密生している。手足が明らかに西域胡人を意識した表現である。手足が毛むくじゃらという形容から、この絵巻を描いた絵師高階隆兼《たかしなたかかね》は胡人を想起し、敢えて顔貌から鳥の嘴を捨て去る創意工夫をしたのであろうか。なお『春日権現験記絵』には巻四にも、藤原忠実《ただざね》の夢に現れた僧天狗が春日明神の威光で退治される話があるが、そこでは図29のように鳥の嘴と鳥の

図29　半鳥半人の天狗（『春日権現験記絵』）

手足をした通常の半鳥半人型天狗が描かれている。

　鎌倉時代の絵巻物に西域胡人が出てくることは奇異に感じられるかもしれない。だが、奈良時代に東大寺大仏の開眼を行ったボディ・センナをはじめとして、古来、インド系・ペルシア系外国人はしばしば日本にやって来ていた。たとえば、室町時代の貿易商楠葉《くすば》西忍《さいにん》（一三九五〜一四八六）は、天竺人ヒジリと日本人女性の間に生まれたハーフで、父親のヒジリはおそらくアラブ系の商人であろうと考えられている。鎌倉時代にも、少数ながらそうした外国人が来船していたことであろう。天狗を西域胡人で表現した図像資料はこれだけで、きわめて特異な作例ではあるが、長身で顔の彫りが深く、体毛が濃い彼らの姿から、鎌倉時代の人々が天狗を想起したという例証として重要である。

猿田彦の七咫の鼻

鼻高天狗の由来としては他に、日本神話に登場する猿田彦《さるたひこ》の影響と見る説もある。猿田彦は天孫《てんそん》降臨《こうりん》のときに先導役を果たした神で、『日本書紀』には「鼻の長さは七咫《ななあた》（咫は手の平を広げた長さ）、背は七尺あまり、唇はつやつやと明るく光り、目は八咫《やた》の鏡のように大きく丸く赤かった」とある。神楽《かぐら》の仮面などでは鼻高の猿の風貌である。七咫の鼻といえば、長さは優に一メートルを越える。天岩戸《あまのいわと》に籠もってしまった天照大神《あまてらすおおみかみ》を卑猥な踊りによる大騒ぎで引きずり出した天鈿女命《あめのうずめのみこと》とは、天孫降臨のときに言葉を交わすなど関係が深いことから、異常な鼻高には勃起した男性のペニスを暗示する面もあると思われる。女陰とともに生命力の象徴ということだろう。私たちが天狗の鼻高に滑稽さを感じるのも、心の内でペニスを想起してしまうことと関係しているのではないか。

変身の過程で出現する鼻高

これらの説は、天狗の鼻高を、よく似た仮面や神を引き合いに出して説明している。だが、なぜ敢えてそれが天狗と結びつけられたのかという問題には、十分に説得力を持って答えてはいない。私としては、少なくとも図像分析の知見から、天狗は発生初期の段階で鼻高になる要素を持っていたと考えている。それは「烏天狗から人間へ」、あるいは「人間から烏天狗へ」という変身の過程で鼻高となる事例が、絵巻物のなかに散見するからである。

図31（第三章図11の部分拡大）は、『是害房絵』で余慶律師を襲おうとした天狗（是害房）が、火焔を放つ車輪の出現に慌てふためいて逃げまどうときの顔である。老僧に化けた是害房は、恐怖のあまり目を丸くして悲鳴をあげる。一見、人間そのもののように見えるが、奇妙な筆遣いが見られる。鼻と顎の部分が二重に描き込まれ、異常に長くなっているのである。

図31（図11の拡大図）

図30（図31を一部消去）

筆に迷いがあり、書き直した跡が残ったと考えることもできるが、私は「天狗がその正体を現す変化の過程」を描き込むための工夫の跡ではないかと考えている。異時同図法、つまり「驚きと恐怖によって変身の呪力が失せ、トビの正体を徐々に露呈するという時系列上の変化を一画面に集約する」という手法を用いているのである。試しに鼻と顎の先端の線を消す処理を施してみると、普通の人間の顔となる（図30）。これが元の老僧の顔だと思われる。それが恐怖のために変身術が消え、鼻と顎が伸びていき、最終的には鳥の嘴となるのではないか。

図33（図12の反転拡大図）

図32（図14の反転拡大図）

図32（第三章図14の部分を反転拡大）は是害房が天台座主良源を守る護法童子に取り押さえられ、打ち据えられているときの顔、図33（第三章図12の部分を反転拡大）は飯室権僧正尋禅を守護する金迦羅・制多迦の二童子に追い立てられているときの顔である。場面は分散しているが、並べてみると、「人間からトビへと是害房の顔が変化する過程」を画家は意識的に描き込んでいることがわかる。鼻が伸びて上の嘴となり、顎が伸びて下の嘴となる。顔に毛が生えてきて、目も丸くなり完全な鳥頭となるということであろう。天狗の鼻高は、初期天狗の「鳥身から人身へ、人身から鳥身へ」という変身過程で現れてくる身体的特徴のひとつとして、当初から認知されていたのではないか。

天狗の鼻を切る

同様の例は『天狗草紙』にも見られる。『天狗草紙』は序文に永仁四年（一二九六）の年記がある。延慶元年（一三〇八）制作の『是害房絵』、延慶二年（一三〇九）制作の『春日権現験記絵』に先行する、天狗を画像化した現存最古の作品である。その三井寺巻に、比叡山延暦寺（山門）の僧侶が夢で天狗となり、三井寺（園城寺、寺門）の高僧の部屋を覗く話がある。

三井寺に、天下に名の轟く四人の碩学の僧侶がいた。信誉《しんよ》・長舜《ちょうしゅん》・道尊《どうそん》・道敏《どうびん》である。比叡山のある学僧は、日頃から彼らの学識を想像し、「勉強する様子だけでも見てみたいものだ」と思っていた。ある日、そう思いつつ寝入ると、身体から心神が遊離して三井寺に向かい、信誉が勉強する部屋を外から窺った。出文机《だしふづくえ》の障子に映る影に気づいた信誉が、小刀で鼻を切ったところ、比叡山で寝ていた学僧の鼻が切れて血が滴《したた》り落ちた。学僧は本意を遂げることができず、遺恨を深めた。のちにまた学僧の精霊が三井寺に向かい、長舜の勉強部屋を窺った。長舜も小刀で鼻を切りつけたが、刃が悪かったので切ることができなかった。それゆえ長舜は、たびたび精霊の覗き見に悩まされることとなった。長舜は常日頃、弟子たちに「いかなる修行者も、良質の小刀を持つべきである」といっていたという。

身体から離脱した幽体《ゆうたい》は天狗となって三井寺に飛び、信誉の部屋の障子に顔をつけてなかを窺う。気づいた信誉は、小刀でその鼻を切る。図34は『天狗草紙』のその場面である。出文机で巻物を読んでいる信誉の目の前の障子から、学僧の鼻が突き出し、信誉がそれを小刀で切り落とそうとしている。障子から棒のように長い鼻が突き出している様子が見て取れる。画家は定規を使って障子の桟を細かく描き込み、後から小刀を描いたようで、小刀の刃の先端に刃の後ろにあって見えないはずの桟の筋が描き込まれている。刃の中ほどには学僧の長い鼻がクロスして描かれているが、これはもちろん刃の手前にあるものだ。

図34　天狗の鼻を切る信誉

　鼻を切られた学僧の幽体は、血の滴る鼻を押さえて比叡山に逃げ帰る。図35がその様子であるが、鼻に手を当てて空を飛ぶ衣の袖のあたりから鳥の羽が見えており、幽体の正体が半鳥半人の天狗であることがわかる。部屋のなかを覗くのであれば、指で障子に穴を開けて目を寄せるのが常套だ。何ゆえに鼻だけ突っ込んでいたのかは甚だ疑問とするところだが、それが天狗の天狗たるゆえんであろうか、その後もたびたび三井寺に飛んできて鼻を突っ込んでいるのである。犬や猫のように嗅覚がたいへん鋭く、目で見るようになかの様子がわかるのかもしれない。あるいは、天狗は僧侶に化けていても、欲にかられると、つい正体が露呈し始め、鼻と顎が伸び出し、結果、目を近づけようとすると、どうしても鼻が障子を突き破ってしまうということなのかもしれない。いずれにせよ、十三世紀末の『天狗草紙』からは、天狗の鼻がピ

図35　鼻を押さえて飛ぶ天狗

図36　伎楽面の迦楼羅

ノキオのように長くても何ら不思議ではないと、当時考えられていたことがわかるのである。

もちろん、この時代の天狗は半鳥半人の烏天狗が基本型であり、近世の天狗のように鼻高をトレードマークにするような表現にはなっていないが、天狗の鼻はとても長いという認識が、当時の通念としてあったということはいえるであろう。『是害房絵』で見たように、鼻と顎が伸びて鳥の嘴となるという考え方は、半鳥半人の鬼神のイメージとしては無理のない発想だったのではないか。たとえば、仏教の八部衆のひとりカルラ（迦楼羅）も半鳥半人の神であるが、図36の伎楽面で見ると、上の嘴が鼻の位置についている。人間の上唇と下唇を伸ばして嘴とすることも可能だったはずだが、人間の鼻の下に嘴をつけた場合のバランスの悪さが嫌われたということもできよう。

天狗が鼻高化する原因に、こうした「変身過程での鼻高」の考え方を導入すれば、伎楽面の酔胡王（図27）や『春日権現験記絵』の西域胡人（図28）の顔貌が天狗とつながることも、無理なく包摂的に理解できるのではないだろうか。

4 密教と天狗

比叡山と密教

第二章・第三章で述べたように、平安時代の天狗話のほとんどは仏教僧との絡みで展開し、とくに比叡山の僧侶との関わりが深かった。比叡山内部での諸々の確執が、天狗を日本独特の妖怪として育んだともいえるだろう。では、比叡山と天狗の間にはどのような関係が隠されているのであろうか。

天狗についての論考はあまたあるが、仏教僧が天狗をことさらに意識した原因は何かという問題については、従来ほとんど考察されてこなかった。民俗や説話の世界とは別に、平安時代後期の仏教思想の展開に、天狗が何らかの関わりを持っているのではないだろうか。ここからは、仏教の構造そのものに天狗がセットされていく過程を、密教と浄土教の二つの視点から考えてみたい。

日本の天台宗の開祖である最澄は、延暦二十三年（八〇四）に遣唐留学僧として中国に渡り、天台山を巡礼して天台教学の研鑽を積んだ。最澄は、当時の中国で興隆していたインド伝来の最新の仏教である密教にも大きな関心を持っており、台州・越州・明州を巡って、順暁《じゅんぎょう》などの名僧に密教を学び、経典や曼荼羅《まんだら》などを収集して翌年帰国している。同じ遣唐使船で渡唐した空海が、目標を密教に絞り込んで集中的に研鑽したのに対し、最澄の仏教への関心は天台教学にとどまらず、密教を含め広く仏教全般に及んでいた。当時の日本仏教界はすでに宗派ごとに専門化・細分化していて、それぞれに深みはあるが仏教の全体像が見えにくくなっているという状況への不満があったのであろう。最澄が開いた比叡山延暦寺においては多様な仏教研究が行われ、そこは仏教の総合研究センターのような性格を帯びていた。

最澄は密教については、唐では時間的な制約もあり十分な資料収集はできなかった。それを補って比叡山の密教学の基盤を整備したのが円仁と円珍である。円仁は承和五年（八三八）、円珍は仁寿三年（八五三）に渡唐し、総合的な密教の資料を収集して帰国した。これにより、それまで真言宗の後塵を拝する観のあった比叡山の密教学は面目を一新することになったのである。

密教経典のなかの天狗

鎌倉時代の禅僧無住（一二二六～一三一二）は『聖財集《しょうざいしゅう》』のなかで、

日本に天狗と云ふ事、経論の中に見え及ばず云々

と述べ、天狗は仏教経典に記載のない日本固有の存在であるとしている。従来の研究でも、天狗が仏教と深いつながりを持つことが指摘されながらも、天狗について記した仏教経典はないというのが通説であり、それが天狗を得体の知れない妖怪と感じる一因ともなっている。だが、「天狗に所依経典がない」というのは誤りである。実は、天狗の所依経典は存在する。

密教の根本経典は、インドで書かれた『大日経《だいにちきょう》』と『金剛頂経《こんごうちょうきょう》』である。『大日経』は唐代に中国に伝来し、注釈書として『大日経疏《だいにちきょうしょ》』が書かれた。それが、インドにいるはずのない中国の「天狗」が仏教に混入してくる原因となっている。その『経疏』巻五に、日天《にってん》（太陽の神）の眷属として、次のように記されている。

南緯の南に涅伽多《ねぎゃた》を置く。天狗のことである。北緯の北に嗢迦跛多《うかはた》を置く。流火のことである。

この一節は、『大日経』巻二にはまったく記されず、ただ「左に日天衆《にってんしゅう》を置く」と記されるのみである。この記述は胎蔵界《たいぞうかい》曼荼羅の各部分について説明した箇所で、『経疏』では日天の眷属《けんぞく》である

天体現象の神々を列挙したなかに右の説明が出てくる。涅伽多とはサンスクリット語のニルガータ（nirghāta）の音を漢字で表記したもので、意味は「霹靂《へきれき》」、つまり稲妻や雷音のことである。当然、雷神のことなのだが、それを中国の「天狗」と同じものであると説明しているのである。一方、嗢迦跋多はウルカーパータ（ulkāpāta）の漢字表記で、「流火」つまり流星を意味する。本来ならば、後者に天狗を当てるべきであろうが、敢えて「霹靂」に天狗を当てていることは、日本の天狗を考える上でたいへん重要なポイントとなると筆者は考えている。

『大日経』（正しくは『大毘盧遮那成仏神変加持経《だいびるしゃなじょうぶつじんべんかじきょう》』）は、唐代に中国にやって来たインド僧善無畏《ぜんむい》が、サンスクリット語の経典をもとに中国人僧一行《いちぎょう》とともに漢語訳したものである。本来、十万頌《しょう》というとてつもない巨編であったため、善無畏は三千余頌に要約して翻訳を行った。これは全体量の三パーセントにすぎず、内容目録といった体裁に近い。簡略すぎて、唐代の中国人には意味が通じにくい部分が多かったため、一行が善無畏に対してその解説を要請した。そこで生まれたのが『大日経疏』（『大毘盧遮那成仏経疏』）二十巻である。善無畏の解説を一行が筆記し、そこに一行自身の私的解釈を加える形式で成り立っている。『大日経』よりずっと詳しく、わかりやすい内容となっているので、中国でも日本でも僧侶たちは『経疏』の方を読んで研究するのが普通であった。一行の死後、弟子たちがその内容を平易に簡素化して『大日経義釈《ぎしゃく》』十四巻が作られ、これも大いに流布することとなった。日本では真言宗が『経疏』、天台宗が『義釈』を重んじるといわれる。

ニルガータ（霹靂）を天狗と説明した部分は一行の解釈と考えてよいだろう。一行は密教占星術の大家であり、インド・中国それぞれの天文学に深い知識を持っていた人物であるから、霹靂の語釈に敢えて天狗を持ち出したのには、それなりの意図があったものと思われる。おそらくは霹靂による突然の轟音を、流星に伴う犬の吠え声のごとき突然の強烈な爆音と類似するものであるといいたかったのであろう。

曼荼羅に組み込まれた天狗

密教の根本経典である『大日経』そのものではないにしても、むしろ『大日経』よりも重んじられた注釈書に天狗が登場したことの意義は大きい。それも曼荼羅という密教修行の根幹に位置する画像に描かれるものとして説明されているからには、唐代の中国僧や平安時代の日本の僧侶たちも否応なくこの問題に踏み込まざるを得ないからである。

曼荼羅の描き方を記した唐の『摂大軌《せつだいき》』（『摂大毘盧遮那成仏神変加持経《せつだいびるしゃなじょうぶつじんぺんかじきょう》入蓮華胎蔵界会悲生《にゅうれんげたいぞうかいえひせい》曼荼羅広大念誦儀軌供養方便会《こうだいねんじゅぎきくようほうべんえ》』）でも「南緯の南に涅伽多天狗を置き、北緯の北に嗢迦跛多火を置く」と記して、ニルガータと天狗を同一化している。また文中の「火」は「流火」の略だが、これに「犬」あるいは「吠」の字を当てるテキストもあり、ウルカーパータもまた天狗であることを示そうとする意図も感じられる。同じく唐の胎蔵界曼荼羅の描き方を記した『広大儀軌《こうだいぎき》』（『大毘盧遮那経広大儀軌』）でも同じ文を記し、やはり「火」には「吠」を当てるものがある。

このように曼荼羅に描かれる霹靂や流星は、中国の天狗的な存在として密教経典の注釈書に記されている。これはもちろん一行の『大日経』解釈を受けてのものである。あくまでも霹靂や流星の性格についての説明であり、本来インド的な仏教の神々であるから、実際の図像に犬の姿をした天狗が描かれるわけではない。現存する曼荼羅や図像集では、涅伽多（霹靂）は頭上で合掌しながら天空を飛ぶ神の姿（図37右）、嗢迦跛多（流星）は虚空の雲中から上半身を出して左手を挙げる神の姿（図37左）で表現されている。

図37　曼荼羅の涅伽多（右）と嗢迦跛多（左）

いずれにせよ、中国人僧一行によって『大日経疏』という密教の根本経典に天狗が組み込まれたために、その後の中国や日本の注釈書ならびに曼荼羅の儀軌などに、天狗は常に登場することとなった。天狗は、中国や日本の天文記録という本来の住みかから離れ、密教を研究する者ならば誰でも、学習過程において必ず目にし、考察しなければならない存在となったのである。

空海が『大日経疏』を唐から持ち帰ったのは大同元年（八〇六）であり、説話のなかで天狗が顕著な活躍をするようになる十一世紀より遥か以前のことである。空海は、入唐前に久米寺《くめでら》の塔中で『大日経』を感得したといわれている。その報恩のため帰国後すぐに、久米寺で『経疏』の講義を行っており、空海以後も歴代の名僧がこれを講じている。『経疏』をさらに詳しく説明した注釈書作りも、高野山を中心にたいへん盛んに行われた。聖宝《しょうぼう》・淳祐《じゅんゆう》・仁海《にんかい》・覚鑁《かくばん》など数多くの名僧が注釈書を残しており、当然それらには涅伽多＝天狗の記述が引き継がれている。一方、比叡山の天台宗でも、『経疏』だけでなく『大日経義釈』の研究や注釈書作りも盛んであったから、こうした状況に変わりはなかったといえる。

つまり、平安時代初期から、仏教僧ならば真言・天台の区別なく、天狗を意識せざるを得ない状況にあったということである。説話の天狗が、もっぱら仏教僧との絡みで登場することの背景がここにあるといってよい。

なお、本来の天狗は流星であるはずだが、密教経典においては『大日経疏』の影響が強く、涅伽多（天狗）を霹靂、つまり「稲妻やその音の正体」とするということで解釈がほぼ統一されている。日本の淳祐は『胎蔵界七集』（『大日本仏教全書』四十四）中巻で、你羅伽多計都（ニルガータケイトゥ）に流星を当てる資料を紹介しているが、きわめて例外的な存在である。

5　浄土教と天狗

浄土教の勃興

平安時代の仏教は、その前半における「密教の興隆」と、後半におこる「浄土教の興起」という二本の大きな柱によって形成されている。現世の苦界を離れ、阿弥陀如来のいる極楽浄土に往生することを願う浄土教思想は、死という避け難い運命を前に苦悩する人々の心に救いの手を差し伸べるもので、貴族から庶民に至るまで、階級を越えて多くの人々に受容された。ある意味、仏教の本来的な姿に回帰した教派ともいえる。天狗は密教だけでなく、この浄土教の世界にも深く食い込んでいる。その場所も、やはり比叡山であった。

比叡山延暦寺は、日本における浄土教発展の起点となり中心となった場所である。延暦寺では、顕教《けんきょう》（浄土教）と密教を偏りなく学習する、両教の教学体系が確立されていた。延暦寺がこうした総合仏教研究センターともいうべき性格を帯びるようになったのは、最澄の弟子円仁の功績である。浄土教に関して円仁は、『摩訶止観』の四種類の修行法のうち、法華三昧《ほっけざんまい》とともに常行三昧《じょうぎょうざんまい》（阿弥陀への祈り）を重視した。彼が常行三昧堂を建てて不断念仏《ふだんねんぶつ》の行法《ぎょうほう》を延暦寺に定着させると、比叡山の念仏行は、「山の念仏」の名で平安時代の一般社会に知れわたるようになった。

円仁の弟子で天台座主となった良源は、『九品往生義《くほんおうじょうぎ》』を著し、阿弥陀念仏を重視する姿勢をさらに明確化する。当時すでに、貴族社会では浄土思想への傾倒が顕著になっており、極楽往生者の伝記を集成した慶滋保胤《よししげのやすたね》の『日本往生極楽記』が生まれていた。良源の弟子源信が、寛和元年（九八五）に『往生要集』を著すにおよび、比叡山の浄土教は階級を越えて広く社会全体に波及していくことになる。

『往生要集』と『正法念処経』

『往生要集』は、極楽往生についての総合的な解説書であり、往生するには念仏が最も重要であることを説く。この書がきっかけとなって、念仏運動が全国的に広まり、各地に阿弥陀堂が作られている。こうした流れは後世、貴族社会では藤原道長の法成寺《ほうじょうじ》や藤原頼道の平等院鳳凰堂の建立につながり、大衆社会では鎌倉新仏教の基盤となった。『往生要集』は、日本人の精神世界に大きな影響力を発揮したのである。

『往生要集』の最初の章を「厭離穢土《おんりえど》」という。すべての生き物が六道（天道・阿修羅道・人道・畜生道・餓鬼道・地獄道）の世界を輪廻し続ける現世のおぞましいさまを詳細に記述している。その議論の典拠は、『大智度論《だいちどろん》』『瑜伽論《ゆがろん》』『観仏三昧海経《かんぶつざんまいかいきょう》』など多くの漢訳経典によっている。なかでも多用しているのが『正法念処経《しょうぼうねんじょきょう》』である。凄惨な描写で異彩を放つ地獄の説明では、とくに重点的にこれを引用し、悪道に堕ちることの恐ろしさ強調している。源信にとって、自身の浄土教思想形成の上で大きな影響を受けた経典といってよいだろう。

『正法念処経』七十巻は、中国の南北朝時代、東魏《とうぎ》の興和元年（五三九）から西域僧瞿曇般若流支《ぐどんはんにゃるし》が約十年の歳月をかけて漢訳したものである。六道について記述した経典のなかで最も膨大で、内容も完備しており、六道の因果を述べて、そこから離脱することを主張する。そのうち巻十九では阿修羅と諸天との関係について記し、巻四十・巻四十一では諸天について記しているが、そこに天狗に関する記述が出てくる。

天空を降下する鬼神

まず、巻十九では、流星を意味する「憂流迦《うるか》（ウルカー ulkā）」の語について「魏に天狗下るという」と注釈している。つまり、東魏（中国）で「天狗が下る」というのと同じことだと説明する。憂流迦は、『大日経疏』に出てきた流星「嗢迦跛多」ウルカーパータ（ulkāpāta）と同じものである。『正法念処経』は、諸々の仏教経典のなかで「天狗」の語を使った最も古い文献といえる。ここでの憂流迦に関する記述は、おおむね次のようなものである。

悪龍と悪阿修羅の所業を見て、夜叉《やしゃ》たちは恐れをいだいた。四天王は夜叉に対して「恐れる必要はない。諸天は強く、阿修羅は弱いのだ。なぜなら、地上の人間たちが仏の教えに従い、父母に孝養を尽くし、沙門や婆羅門たちを供養しているからだ」と告げる。すると虚空神《こくうしん》と夜叉たちは歓喜し、海中にいる良い龍王にこのことを伝えようと、空から下った。このとき、からだ全体から光焔《こうえん》が立ち昇り輝いた。地上の人間たちはそれを見て「憂流迦が下った」といい、人々は「不吉の前兆だ」、「いや吉事の前兆だ」とさまざまに噂した。

別の天火《てんか》の場合は、諸天が地上に下ろうとするときに、住んでいる宮殿まで身に従えて高速で降下したため、宮殿どうしがぶつかって摩擦され、強烈な火炎を放って輝いたのである。

ここでは流星が輝くメカニズムについて、「夜叉や諸々の天人たちが、天から地上に降下しようとするときに起こる現象」と説明している。夜叉とは、仏典に登場する下級の諸鬼神のことである。インドではヤクシャ（yakṣa）と呼ばれ、漢訳仏典では「夜叉」もしくは「薬叉《やくしゃ》」と記される。この夜叉の大将が毘沙門天《びしゃもんてん》で、四天王のひとり多聞天《たもんてん》として仏教世界の守護神ともなっている。経文を中国的に解釈するならば、憂流迦すなわち流星現象としての天狗の正体は「鬼神が天空を飛行する姿」ということになろう。

天人世界をおびやかす天狗

巻四十では、注釈ではなく本文に「天狗」「大天狗」の語を用いて、おおむね次のように語られる。

諸々の天人や天女たちが、園林や山上で歓楽・快楽の限りを尽くしていると、突然空中に強烈な光が現れた。それは天狗のようであった。天人たちはまぶしくて見ることもできず、樹下や石窟に隠れるなどして恐れおののいた。虚空中の光焔は大天狗のごとく下りてきて、天人たちのいる所にどんどん近づいてきた。天人たちは「これはいったい何なのだ」とうろたえるばかりであったが、そうこうするうちに突然天狗は空中から消えた。天人たちは、しばらくの間は恐れおびえていたが、すぐに忘れて、また享楽にふけるのであった。

天人・天女は人間よりも遥かに尊く、卓越した能力を持ち、さまざまな快楽を得ることができる。しかし、人間と同様に寿命もあり、精神的にも不安や恐れを抱えており、仏とは比べものにならない劣った存在である。そのことを示す例として、ここでは人間と同じように天狗に恐れおののく姿が描かれている。インド経典が漢訳される過程で、「天狗」の語が経典本文に混入したのである。中国で戦争や不吉の前兆として恐れられた流星現象としての天狗は、仏教世界においても天人を震え上がらせるほどの恐るべき存在であると経典に記された。このことは、中国でも日本でも仏教者にとってきわめて大きな意味を持つといえるであろう。

巻四十一でも同様に、夜摩天《やまてん》の王が諸々の天人天女とともに山中で歓楽を尽くしていると、天狗が空から下りてくる。やはり恐れおののき、逃げまどう天人たちに対して、夜摩天の王は次のように述べる。

我々のいる夜摩天よりももっと上に、兜率天《とそつてん》というさらに素晴らしい世界がある。そこには我々よりずっと優れた天人たちがいて、楽しみもこの天とは比べようもないほどに豊かである。しかし、それでも天人である以上、限界があり、灯明の油が尽き、灯心が燃え尽きるように死に絶えるのだ。いまお前たちは、天狗が兜率天を一瞬にして焼き尽くすさまを見たのである。お前たちは夜摩天に生まれ、楽しく暮らしているが、世の無常を知り、解脱《げだつ》の心を起こそうではないか。

これを聞いた天人たちは、しばらくは恐れ震えているが、またすぐに快楽におぼれ、厭離《おんり》の心を忘れてしまうのである。ここでの天狗は、人間から恐れられる中国的な天狗の枠を越え、天人や天人世界をも焼き滅ぼすほどの凶悪な存在として語られている。天狗は、諸天にとって阿修羅と同様、悪をなす天敵ともいえる存在なのである。

平安時代末期の浄土教発展の基礎を築いた源信は、『往生要集』を執筆するにあたり、『正法念処経』の研究を重ねていた。天狗はたびたびそこに登場し、仏教世界の敵対者として活躍しているのである。源信は、『往生要集』に天狗を登場させているわけではないが、当然こうした記述を読んでいたはずだ。それは源信に限らず、良源や源信の周囲にいた延暦寺の僧や、浄土思想に惹《ひ》かれて研究を続けていた慶滋保胤などの貴族たちも同様であったであろう。

両義的な存在

『正法念処経』で語られる天狗は、中国の天狗と同じく流星であるが、これを三つのタイプに分けることができる。ひとつは、虚空の諸神や夜叉といった鬼神たちが天界から地上に下りるとき、身体から光焔を発することによって起こるもの。二つ目は、仏教界の善神ともいうべき諸天が地上に高速で下りてくるとき、住んでいる宮殿までも持ってくるので、宮殿がぶつかり合って摩擦し合い光焔を発することによって起こるもの。三つ目は、発生のメカニズムは不明だが、諸天の住む世界を焼き尽くし、天人たちを焼殺し、まばゆい光焔が諸天を恐怖に陥れるものである。

これら三つのタイプから見えてくる天狗像は、「仏や菩薩の域には到達しないが、人間より遥かに上位の天界神や鬼神たちが、飛行するときの一形態」であり、また「彼らを畏怖させて無常を教え、さらには彼らを焼殺破滅させる恐ろしい存在」である。そこには「仏教にとって、善にも悪にも、同胞にも敵対者にもなりうる両義的な性格」をも読み取ることができるだろう。

平安時代の説話に登場する天狗は、しばしばその正体が「妄執《もうしゅう》にとらわれた僧侶たち」、あるいは「比叡山内の派閥抗争における敵対僧たち」であった。仏教界の外にあって唾棄されるべき単純な悪神・妖怪として語られるだけではなく、仏教界の内にあって、同胞や同僚がときとして陥りかねない「望ましくない状態」を象徴する存在としても、天狗は登場していた。修行や研鑽を十分に積んだはずの高僧が、ときとして天狗と化したり、普通の僧侶が夢のなかで天狗となったりするのは、経典中の天狗が「仏教内にある両義的なもの」であることの反映でもあろう。

いずれにせよ、仏教経典に記載されたことによって、天狗は「中国の流星」から「仏教世界内の存在」として生まれ変わり、僧侶たちからも仏教的な存在として認知されるようになっていたのである。

平安仏教に育まれた天狗

天狗は本来、中国の古代天文思想のなかから生まれ出た「不吉な流星」、もしくはそれが地上に堕ちて姿を現した「犬形の妖怪」であった。このイメージを基盤に、南北朝時代の六世紀以来、インド経典の漢訳という作業のなかで、天狗は従来の枠組みを越えて仏教世界に取り入れられ、密教・浄土教の諸経典にも登場するようになった。

唐代に大いに興隆した密教においては、根本経典である『大日経』の注釈書に、「霹靂」に相当するものとして「天狗」の語が割り当てられる。日本でも、中国と時を隔てることなく、早くも平安時代初期に空海によって密教の全体像が移殖された。天狗は、その最初期から、新来の仏教を習得せんとする情熱に燃えた密教僧たちの研究対象に含まれていたのである。

これよりずっと早い六世紀、東魏時代に漢訳された『正法念処経』において、流星の呼称として「天狗」の語が採用され、経典本文にも登場することになる。この経典は中国ではさほど重視されるものではなかったが、日本では平安時代末期、比叡山を中心に浄土思想の研究が深められていくなかで脚光をあびるようになる。浄土教では、死後に浄土へ往生するための前提として、この世がいかに無常なものであるかをしっかり確認しておく必要がある。そのことを、「六道」という六つの世界によって詳細に語り尽くしているのが『正法念処経』であった。それは、比叡山において再発見された経典といってもよいであろう。

源信は『往生要集』を執筆する上で、多くの引用文をこの経典から採っている。『往生要集』が書かれたのが寛和元年（九八五）であり、往生伝の先駆けである慶滋保胤の『日本往生極楽記』が書かれたのがその前年、永観二年（九八四）である。彼らに大きな影響を与えた天台座主良源は『九品往生義』を残しており、おそらくは十世紀初頭あたりから、比叡山において『正法念処経』の再評価と考究が始められていたであろうと考えられる。この経典において天狗は流星として登場し、鬼神や天人の変化したものとして、また善悪どちらにも転びうる両義的な存在として語られていた。浄土教を研究しようとするならば、必ず読むことになる経典に登場するわけだから、十世紀以降の僧侶や貴族たちは、天狗の存在を意識せざるを得ない環境にあったということができる。こうした平安仏教の展開のなかで、天狗は比叡山の僧侶や平安貴族たちの心に巣くい、徐々に日本の妖怪として成長していったのである。

『日本書紀』舒明天皇九年（六三七）の条に、近畿地方上空に出現した大流星の記録として登場した天狗であったが、社会的にはさしたるインパクトを与えることもなく、記録の上でもぱったりと鳴りを潜めてしまった。その後、十一世紀初頭までの約四百年間の空白期を経て、説話や物語、往生伝などに妖怪として、きわめて唐突なかたちで再登場することになる。

再登場後の天狗の活躍については、数多くの研究がなされているにもかかわらず、再登場の背後にどのような原因が隠されているのかという問題については、これまでまったくといっていいほど論じられたことがなかった。だが、ここまで見てきたように、平安時代の仏教の展開において、密教と浄土教という二つの大きな流れの中心に、天狗はしっかりと根を下ろし、人々の心のなかで熟成のときを過ごしていたのである。

こうした事情を勘案すれば、密教と顕教の両教兼修を旨とする仏教総合研究センターともいうべき比叡山延暦寺こそ、妖怪としての天狗を生み出す母胎であったことは明らかであろう。天狗の再登場は、決して唐突ではなかったのである。本章の冒頭において、ａからｈまで挙げた初期天狗の特質は、こうした過程の結果として出てきたものなのであった。

日本の天狗は、平安時代末期の仏教僧たちによって、仏教経典のなかから再発見された妖怪であり、きわめて仏教的な存在であった。空から地上に落下し、善にも悪にもなりうるという両義的な性格を持つ天狗は、浄土教の六道において天道と人道の中間に位置する存在であるともいえよう。かくしてそれは、六道のどれにも当てはまらない第七の「天狗道」を構成するということになるのではないか。堕落した僧侶が陥るとされた天狗道も、こうした考え方から生まれたのであろうと思われる。

すでに天狗再登場の背景については明らかとなった。残された問題は、日本の天狗が何ゆえに中国のように犬などの四つ足の妖怪ではなく、半鳥半人の姿をとるようになったのかということである。形態上の源泉はどこにあるのか、あるいは平安時代の日本人がどこからその姿を見つけ出してきたのか。それを探す場所は、おそらくは天狗を育んだ日本と中国の仏教と関わる所にあるはずである。そのビジュアル・イメージの源流を求めて、図像学の旅に出ようではないか。

第五章

天狗イメージの源流を探る

——海を渡った有翼の鬼神たち

1 雷神イメージの変遷

雨をもたらす神々

まずは図38をご覧いただきたい。台北故宮博物院所蔵の李公麟《りこうりん》筆「為霖図《いりんず》」という作品である。「霖」とは三日以上続くような長雨のこと。「為霖」とは道教的な呪術によって雨を降らせることを意味する。岩山の上と思しき画面左下の巌上には、旗指物を持った従者と虎を従えた人物がいる。笏《しゃく》を持った手を天に延ばし、雨を降らせようと祈りを捧げているようだ。

その験力は絶大なのか、早くも上空に龍神・雷神・雨神など、道教諸神が黒々とした雨雲とともに降下してきている。風雨の神々の総帥として先頭に立つのは、龍に跨がった龍神。その上に、翼のある二人の雷神が続く。最上部には、太鼓を連ねた連鼓を担ぐ雷神、稲妻の光線を象徴する鏡を両手に持った電母、風の入った袋を持つ風神などがいる。彼らは遥かな天上からジグザグに舞い降りてきている。赤壁の戦いを前に諸葛孔明が大風を吹かせた、『三国志演義』の有名な逸話のような、何らかの物語がこの絵の背景にはあると想像される。

◀図38　宋・李公麟「為霖図」

図39 「為霖図」の雷神

作者とされる李公麟（?〜一一〇六）は北宋を代表する画家である。もっとも、この絵は李公麟の作風とはまったく別物で、『中国歴代画目大典』（江蘇教育出版社、二〇〇二年）でも「李公麟の作品ではない」と断定している。諸神の姿は、明らかに後述する「掲鉢図《けいはつず》」（図52、一八五頁）の図像を借りて描いている。おそらく明・清時代の作品であろうが、清の嘉慶帝《かけいてい》が鑑賞したことを示す「嘉慶御覧之宝」などの印璽《いんじ》が押されており、清朝宮廷の書画コレクションの目録である『秘殿珠林《ひでんじゅりん》』続編（一七九三年）にも著録されているから、遅くとも十八世紀には李公麟の作として清朝宮廷の宝庫に収まっていたものだ。

有翼有嘴の雷神

問題はその中央に描かれた二人の雷神である。

図39に見るように、背中に翼があり、口は鳥の嘴になっていて、頭に小さな冠を着けている。両者とも上半身は裸で、仏教の天人が身に着けるような細長いショールをまとっている。前方の雷神が手に持つのは鑿《のみ》と木槌《きづち》。これは後述するように、中国古代における稲妻の神の武器である。後方の雷神は、眉間に第三の眼があり、手には剣と瓢簞《ひょうたん》を持っている。剣も稲妻の象徴であり、瓢簞は水の入れ物で雨を降らせる道具である。

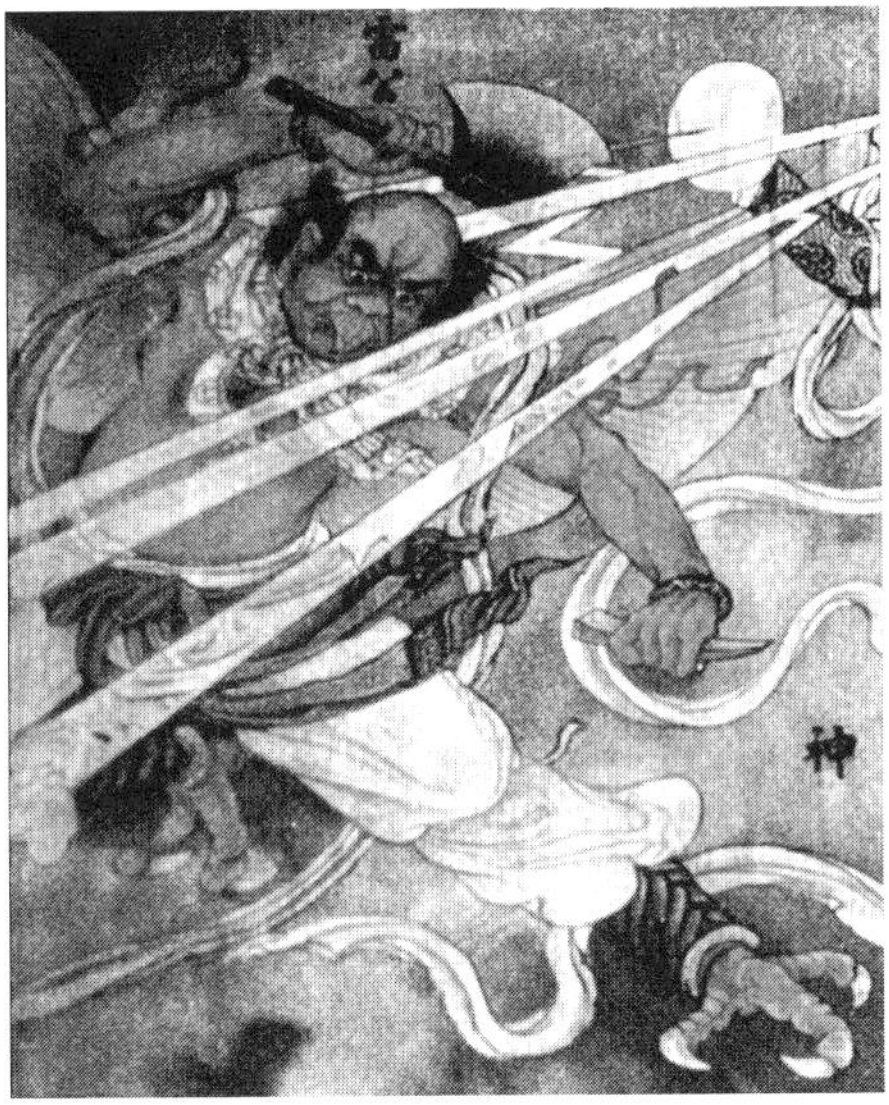

図40　台南風神廟の雷神

この二人の神は、中国古代の雷神に代わって宋代あたりから出現する、新しいタイプの雷神の姿をしている。有翼有嘴《し》の半鳥半人スタイルは、宋から近世にかけての中国雷神の典型であり、台南の風神廟に描かれた近代の壁画（図40）に見るように、足もしばしば鳥の足になる。ここでも上半身は裸で、翼と嘴があり、頭頂部は禿げている。また、この図のように、手には斧《おの》を持つことも多い。斧もやはり人を殺傷する稲妻の象徴である。『旧唐書《くとうじょ》』粛宗《しゅくそう》紀・宝応

元年（七六二）の条に、

楚州《そしゅう》の寺の尼が、恍惚として天に上昇し、天帝に拝謁《はいえつ》した。天帝は十三の宝を授け、「中国に災いがあるときには、第十二宝を使ってそれを鎮めよ」といった。

とあり、粛宗に献上された宝玉十三枚のうち、第十二宝が「雷公石斧《せきふ》」であったと記されている。これは玉石製ではあるが、すでに唐代には雷神は斧を持っていると考えられていた。なお、図40で右上から放たれる稲妻の光線は、電母の持つ円鏡から発せられている。

こうした中国の雷神の姿は、日本の平安時代に出現した半鳥半人の天狗ときわめて似ており、筆者は両者の間につながりがあると考えている。半鳥半人の天狗イメージの源流は、古代から近世に至る中国鬼神の系譜のなかに位置づけられるのではないだろうか。さらに、インドからシルクロードを経て中国に至る、アジア世界の有翼鬼神の流れにも連なってくるのである。

最高神としての雷神

中国の雷神は、初めから半鳥半人の姿だったわけではないし、天界にいる多くの雑神のひとりにすぎなかったわけでもない。むしろ古代においては、そうした軽々しさとは無縁の、最高神ですらあった。だが、長い歴史のなかで、中国の神々の体系が変化し、徐々に下位神へと転落していったのである。雷神の半鳥半人化は、その背景に鬼神としての地位低下という事情が存在する。

太古の中国では、雷神は神そのものであった。たとえば、「神」という漢字には、「稲妻」が隠されている。「神」は、「示」と「申」からできている。殷《いん》代の甲骨文では、「申」は樹木の枝先のように枝分かれした形になっており、天空から打ち下ろされる稲妻を象形化したものであった。のちに整えられて現在の「申」形になったわけで、「神」とは、稲妻によって意志を示す存在だった。稲妻を表す漢字「電」も、「雨」と「申」を合成してできたものである。

中国神話で人類の始祖のひとりとされる伏羲《ふくぎ》も、雷神の性格を帯びている。その姿は、下半身が龍もしくは蛇の半獣半人であり、『河図《かと》』には、

大迹《たいせき》は雷沢《らいたく》にある。華胥《かしょ》がそれを履《ふ》んで伏羲が生まれた。

とある。雷沢とは、『山海経』海内東経《かいだいとうきょう》に、

雷沢の中に雷神がいる。体は龍、頭は人で、腹を鼓《つづみ》のように打つ。

とあるように、雷神の住みかであった。
また、伏義とともに「三皇《さんこう》」のひとりに数えられる黄帝は、『山海経』大荒東経に、

東海の沖合七千里に流波山《りゅうはざん》がある。山上には獣がいて、姿は牛のようで、体は蒼《あお》く角はなく、一本足である。海に出入りするたび、必ず風雨が起こる。その獣の放つ光は、太陽や月のようであり、声は雷のようだった。名前を夔《き》という。黄帝は夔を捕らえ、皮を太鼓にした。雷獣の骨でその太鼓を打つと、音は五百里に響き、天下に威勢を示す事ができた。

とあり、後漢の王充《おうじゅう》の『論衡《ろんこう》』骨相篇にも「黄帝は龍顔《りゅうがん》」とある。黄帝もまた、稲妻を放ち雨を降らす龍の性質を帯び、雷音を轟かして天下に威武する雷神的な神であった。
日本でも夏の夕立のときには、しばしば雷が落ち、雷鳴が轟く。それでも温和な気候ゆえ、大陸と比べれば穏やかなものである。中国の雷雨は、ときとして雷が機関銃の連射のごとく落ちまくり、雷鳴の鳴りやむ間もないほどである。もし屋外で孤立でもしたら、その恐怖は筆舌に尽くし難いものとなる。自然の猛威をそれほどまでに感じさせてくれるものは、他に地震ぐらいしかないのではないか。雷は神意そのものであり、神は雷によって意思を示す存在だということを実感させられるのである。

漢代の風神雷神図

時代が下ると儒教の影響を受けて、「天帝」という上位の神が想定されるようになる。当然、雷神は一段格下げされるが、それでも天帝の直属の部下として、人間界に大きな影響を及ぼす存在ではあった。

図41は、儒教時代の雷神のありようを示す紀元後一世紀末の画像石である。後漢時代には画像石墓という、地下の墓室や地上の祠堂《しどう》（先祖の霊を祀るみたまや）の壁を石のレリーフで飾った墳墓を造ることが流行した。画像石とは、神々の世界の様子から人間世界の細々とした日常の様子までをレリーフで表現した壁石のことで、古代世界の「絵による百科事典」といった趣を持つ。そこには雷神と人間との関係も図示されており、中国古代の人々の世界観・自然観を窺い知ることができる興味深い遺物である。

図41の右方、建物内部で弓を持って正座する太った人物が、この絵の主人公である。建物の屋根をよく見ていただきたい。斜めに傾いており、左の柱と屋根の間には隙間ができている。この隙間を生じさせているのが左方の人物である。彼は人間ではなく「風神」で、手に持ってしゃぶっているように見える草の茎状のものは「笛」である。葉っぱのように広がっているのは吹き出した息だ。中国古代の風神は、口から息を吐いて風を起こしたり、笛で風音を奏でる姿で表現されていた。風神の息は猛烈な暴風となり、屋根を吹き飛ばそうとしている。室内に吹き込んだ風は、柱の

右に立つ人物の裾を後ろになびかせている。
風神の後ろには車があり、四人の手下によって引かれている。雷神が乗る「雷車」である。雷車には四つの小さな太鼓が細い棒で円形に固定されていて、雷神がバチで連打している。私たち日本人にとっての雷神の共通イメージである「連鼓」を叩く姿は、こうした中国古代の雷神像に淵源がある。
雷神の後ろで、頭に桶を載せて歩いているのが雨神である。雨が降るのは、天界の神がいろいろな形の器に入れた水を地上にこぼすからだ、と考えられていた。この場合、水の入れ物は桶だから、まさにバケツをひっくり返したような土砂降りの雨を降らせようとしているのだ。
風神の真上で、柄の長い斧を振り下ろし、家を打ち壊そうとしているのは、雷神の手下の稲妻である。斧は稲妻の殺傷力や

図41　漢代画像石の風神雷神図（孝堂山画像）

破壊力を象徴している。その右上では雨神の手下が雨粒を振りまいている。屋根の真上で曲がり尺を捧げ持っているのは、中国神話の最初の神である伏羲だ。その姿は「人首蛇身」で、下半身は細長い蛇体となっている。伏羲の妻の女媧《じょか》と見ることも可能だが、帽子の形から男とした方がよいであろう。屋根の右上では、龍が半円形にトグロを巻いている。これは中国古代の虹の表現で、二頭の龍が天空で絡み合った姿で表現される。その虹の下に正座するのが宇宙の統括神・天帝である。

雷神は儒教尊奉を促す

この画面には、多くの人間が描かれているように見える。だが、人間は屋根の下にいる右側の五人だけで、他は天界の神々である。地上にいるように描かれた風神雷神も、実際には雲の上の天界で派手に活躍している姿なのだ。

一見のどかそうに見える絵だが、画中の状況はきわめて緊迫している。雨が滝のように降り、暴風がかまびすしい音とともに激しく吹きすさぶ。まばゆい稲妻の光とともに、強烈な雷鳴が轟きわたる。稲妻が直撃して屋根の一部を破壊し、屋根そのものが大風によって吹き飛ばされようとしている。いまや家屋倒壊寸前という危機的状況だ。

当然、避難しなければならないところであるが、なぜか家のなかの主人は落ち着きはらって正座している。私たちの眼には、なんとも奇異に映る態度である。だが、この絵の主題からすれば、これこそ君子が目標とすべき理想の姿なのである。

儒教上の礼儀作法について記した『礼記《らいき》』の玉藻《ぎょくそう》篇には、

君子は、風が激しく雷がすさまじく大雨が降るときには、必ず態度を変える。夜であっても必ず起き上がり、衣服を着け、冠をかぶって正座する。

と記されている。『論語』の郷党《きょうとう》篇にも「孔子は、ひどい雷や暴風には必ず居住まいを正された」とある。なぜかといえば、天変地異は「天の怒り」であり、「人間に対する警告」だったからである。王充の『論衡』雷虚篇には、次のようにいう。

それは天の怒りを恐れ、罰が自分にふりかかるのを恐れるからだ。もしも雷を天の怒りとせず、それが落ちるのは、過ちを罰するためだと考えないとすれば、君子はどうして雷のために態度を変え、礼服をつけて正座するというのか。

その答えはこうだ。天と人とは父と子のようなものだ。父が子のために態度を変えたというのに、子はどうして知らぬ顔をしておれようか。だから、天が変われば自分もまた変わるのがよろしいのだ。そのときどきの天に従って、自分は背かぬということを示すわけだ。

儒教時代の中国では、この世は天の中心にいる天帝が支配しており、常に地上の人間たちの様子を監視していると考えられていた。他人の見ていない所で密かな罪を犯したり、儒教が求める「徳」のある政治や行いに反した場合、天は人間に対し、天変地異という手段で警告や罰を下す。大雨や暴風、地震や雷といったものは、天の怒りそのものであった。そうした自然現象に直面したとき、人間は居住まいを正し、正座して過去の過ちを反省することが求められていたのである。

だから図41は、ただ単に自然の猛威を描いたというような単純なものではない。君子のあるべき姿を示す、きわめて儒教的な教訓絵画なのである。画面上の主題の軸は、右上の天帝と家屋内の主人の間に存在する。主人に何らかの儒教道徳上の過失があったのであろう。天帝はそれを見過ごすことなく、直属の部下たる風神雷神を派遣して警告を与えた。事態の意味を理解した主人は、居住まいを正して天帝に従順であることを示し、過去の行いに思いを巡らして反省しているのである。

では、この人物はなぜ弓を持っているのだろうか。弓は武力や権力の象徴物であり、社会的な地位の高さを示す指標でもある。弓を持っているからといって、必ずしも戦いに備えているわけではない。弓には「魔除け」というもうひとつの重要な役割がある。この人物の構えは、弓を引くときとは逆に、弦を向こう側にして持っている。矢を放とうとしているのではなく、弦を指で弾いて音を出し、魔物が近づいたり災いがふりかかるのを防いでいるのである。これは「鳴弦《めいげん》」と呼ばれる行為で、世界各地で古代から魔除けの呪法として行われている。日本でも、かつて神事や出産のときなどに、梓弓《あずさゆみ》を鳴らして魔除けとしていた。大相撲の弓取り式もその延長線上にある。つまりこの人物は、天帝の怒りを察知し、居住まいを正して反省すると同時に、万が一にも雷による懲罰が自分に下されぬよう、鳴弦でディフェンスしているのである。

画像石墓や祠堂が、こうした儒教道徳を宣揚する内容の絵で飾られていた背景には、後漢時代の特殊な社会事情が存在する。当時すでに中国は儒教国家となっており、儒教精神の尊奉が、士人(知識人)の精神基盤として定着していた。とくに両親の恩に報いる「孝」はたいへん重視され、役人の採用や昇進の選考基準ともなっていたのである。まだ科挙のような公平な試験制度はなく、役所への就職・昇進は、世評や上司の査定による推薦によって行われていた。だから漢代に生まれ、出世を望むのであれば、官僚・庶民といった身分の区別にかかわらず、「孝廉《こうれん》(親孝行で高潔)」

であることを世間にアピールすることが求められたのである。

その目的を達成する最も効果的な方法が、墓を造ることであった。親のために立派な画像石墓を造れば、孝行者としての世評を確実に得ることができる。墓前に礼拝のための祠堂を建て、内壁に儒教精神を宣揚する内容の絵をレリーフしておけば、常にその場にあって地域の人々の眼に触れるわけだから、社会の模範たる一族であることを示す広告塔の役割も果たす。画像石墓を造ることは、死者を弔うためであると同時に、「儒教精神の尊奉」と「孝行」の証《あかし》を世に示すことによって、自分や一族の出世を期す宣伝事業でもあったのだ。後漢時代に画像石墓が流行した背景にはこうした事情が存在した。

天罰としての落雷

図41の人物は、君子として望ましき恭順な態度を取った。しかし世の中には、天帝の怒りに接しても反省せず、不徳の行いを続ける不埒《ふらち》な輩もいることだろう。それを見逃していては、天帝としても示しがつかず、世の乱れにもつながる。当然、懲罰を行うことになるが、そのとき天帝の意を受けて活躍するのが風神雷神である。図42の画像石には、その懲罰の場面が描かれている。

画面左端で雲に乗って正座しているのが風神である。口から吹き出された息が放射状に描かれている。その前には雲上の雷車に乗った雷神がいて、金属製の銅鑼《どら》のような太鼓を木槌で連打してい

る。王充の『論衡』雷虚篇には、

そもそも、雷は音、もしくは気である。音や気ならば、どうして押したり引いたりすることができたり、連鼓の形を呈したりするだろうか。もしも押したり引いたりすることができるならば、それは物である。ぶつかって音がするものは、太鼓ではなく鐘である。さあ、ゴロゴロという音は太鼓か鐘か。

とある。王充は、当時の通説を論破するために力説しているのだが、図らずも雷鳴が鐘の音である可能性を示唆している。実際、ごく近くで雷が落ちるときは、銅鑼のような金属的な音がするものである。

雷車を動かしているのは、ロープを引っ張る子分たちである。その前に二人の女神がいて、細長い壺と丸い壺を抱えている。彼女たちは雨神で、壺の水をこぼして地上に雨を降ら

図42　漢代画像石の風神雷神図（武氏祠画像）

せているのだ。

画面右端に描かれた半円形は虹である。この場合、虹は七色の龍で、尻尾がなく、前後がともに頭になっていて、地面に食いついている。虹は、天帝の存在や意志を暗示する神聖な自然現象であるが、同時に、普段なかなか目にすることのできない天変地異のひとつでもある。何か良い事が起こると喜ぶことも可能だが、逆のケースもありうるのだ。果たして、虹の下では人間が殺されている。ひれ伏した人間の後頭部に、稲妻の神が鑿を当て、金槌で打ち込もうとしている。これは、天帝による懲罰の場面を描いた図なのである。

鑿は稲妻の殺傷力の象徴物で、「雷楔《らいせつ》」「雷鑽《らいさん》」などとも呼ばれる。明の李時珍《りじちん》『本草綱目《ほんぞうこうもく》』巻三十八・石類・霹靂碪《へきれきちん》には、雷神の持ち物として雷斧《らいふ》・雷碪《らいちん》（石のまな板）・雷槌《らいつい》・雷楔（くさび）・雷鑽（キリ）・雷環《らいかん》（腰飾りの玉環）・雷珠《らいじゅ》（龍の玉）を挙げ、それらを一括して「霹靂石」と呼んでいる。土中から出てくる考古遺物を雷神の落とし物と考えたのであ

る。北宋の沈括《しんかつ》『夢渓筆談《むけいひつだん》』巻二十・神奇には、
世間には、雷斧や雷楔を手に入れる人が多くいる。雷神が落としたものだとか、稲妻の下で見つかる事が多いとかいうが、私は実際に見たことがなかった。元豊年間（一〇七八〜一〇八五）のこと、私は随州にいて、夏に大きな雷が落ちて一本の木を折ったとき、その下でひとつの楔を手に入れた。本当に世間でいわれていたとおりだった。
とあり、沈括自身も実物を手にして驚いているほどである。同様の話は『嶺表録異《れいひょうろくい》』（『太平広記』巻三九四）にも見える。
雷州の西に雷公廟《びょう》がある。人々は毎年、連鼓と雷車を奉納していた。魚と豚肉を混ぜて食べる者がいると稲妻を発するので、皆そうする事をはばかっていた。ひどい雷雨があるたびに、野原で黒い石を見つけることが多かった。これは雷公墨といい、叩くと金属の音がして、表面はツヤがあり漆のように輝いている。雷が落ちた所に行くと、土中から楔が出てくる。斧のような形のものを霹靂楔という。子供がこれを身に着けると夜泣きをしないし、削った粉を妊婦が飲むと出産が促進される。薬には必ず効果があった。

風神雷神図は儒教的絵画

落雷による人の死は、現在では偶然の不幸ととらえられる。しかし、儒教的世界観に支配されていた古代中国では、「天誅《てんちゅう》」以外の何物でもなかった。いまの日本のように避雷針を立てたビルが建ち並んでいるわけではない。どこまでも広大な平地が広がる中国では、屋外にいて労働したり通行している人々は、落雷の危険から身を避けることもできず、亡くなる人も多かったと思われる。夏の雷雨の後には、しばしば虹が立ち上がり、その下には死体がころがっている。そんなことも別に不思議ではなかったであろう。

図41に示されているのは「あるべき君子の態度」であり、図42の場合は、そうした態度を取らなかったときに招く最悪の結果、あるいは「予期して避けるべき結末」である。儒教的世界観における風神雷神の役割は、天帝の命を受けて人間に警告を与え、従わなかった場合には懲罰を加えることであった。天帝の直属の部下、天の警察官として人間世界に現れて、道徳遵守の励行を促し、刑の執行も行う。墓参に来た親族は、祠堂の内部に描かれた風神雷神図によって、こうした儒教的な世界の仕組みと掟《おきて》を再確認することになる。おそらくは、のちの仏教の「絵解き」のような形で、内容を知る人物から説明がなされたことと思われる。そこを訪れた一般の人々は、絵の意味を理解し、その墓を維持する一族が儒教を尊奉する立派な人々であることを感じ取ったことであろう。

このように、風神雷神図は中国独特の儒教的画題として成立したものである。おそくとも後漢時代には、儒教世界における天と人との関係を明示し、儒教道徳の遵守を促す絵として一般化していた。それは、必ずといってよいほど風神と雷神のセットで表現され、二神の姿は人々の心に深く刻み込まれていたのである。それゆえ、のちに仏教が伝来してからも仏教美術のなかに導入され、長く中国世界で生き延びていった。風神雷神というと私たち日本人がすぐに思い浮かべる俵屋宗達《たわらやそうたつ》筆「風神雷神図屛風」(京都・建仁寺所蔵、江戸時代初期)も、中国的風神雷神図の歴史的展開のなかで、その末流として生まれたものである。ただし、中国と海で隔てられた日本では、それがもともと儒教的な画題であったことに気づくことなく、自然現象を司る神々の単なる面白い表現として鑑賞されてきたのである。

失墜する雷神

画像石が造られていた後漢時代、新たにインドから仏教が中国世界に流入してきた。仏教は、三国時代を経て六朝時代になると中国社会全体に浸透し、帝王や貴族をはじめとする国家の上層部からも篤い信仰を得て、造寺などの経済的援助を受けるようになっていた。仏教は、如来や菩薩など、数多くの神々を内包した多神教である。仏教の普及とともに、中国在来の道教もそれに対応して教義を整え、神の数を徐々に増やし、宗教としての体系整備、規模の拡大を図った。仏・道二教には、風神・雷神・雨神といった自然現象を司る神々より、神位も高く思想性も遥かに深い神々がたくさんいる。こうしたライバルたちの出現によって、風神雷神は、かつてのような孤高の地位を確保し難い状況になった。雷神が「天帝の直属の部下」「天の警察・司法官」という地位から徐々にランクを下げ、下級神扱いされるようになると、人々の畏敬の念も薄れていく。ひどい場合には、人間に捕らえられたり、追い払われるまでに弱体化するのである。晋《しん》の干宝《かんぽう》の『捜神記《そうじんき》』には、次のような説話が載っている。

晋の時代、扶風《ふふう》県に楊道和《ようどうわ》という者がいた。ある夏のこと、田で働いていた時に雨に降られ、桑の樹の下で雨宿りした。その時、天から霹靂が下り、雷神が襲いかかってきた。道和は鋤《すき》で応戦して相手の股《また》を打ち折ると、雷神は地に落ちて逃げることができなくなった。雷神の唇は丹朱《たんしゅ》のように真っ赤で、目は鏡のように丸く大きく輝き、毛の生えた角は長さが三寸あまり、体は四つ足の動物に似ており、頭はサルに似ていた。

霹靂とともに人間を殺しに降りてきた雷神だが、農民の鋤というたわいもない武器で簡単に退治されてしまう。その姿はサル顔の四つ足で、毛の生えた角がついていたという。また、作者が晋の陶淵明に仮託されている『捜神後記』には、次のような話が見える。

呉興《ごこう》県の人章荀《しょうこう》は五月のある日、田を耕していた。飯を草の下に置いておき、夕方、食事をするために取ろうとすると、飯はなくなっていた。こうしたことが一度ならず起こったので、あるとき、様子を窺っていると、一匹の大蛇が飯を盗んでいるのを見つけた。章荀が小さい矛で斬りつけると、蛇はたちまち逃げ去った。章荀が後を追って坂道まで来ると、そこにひとつの穴が開いていた。なかに入っていくと、泣き声で「私を斬り付けて怪我をさせた」という声がする。別の者が「どのようにして仕返ししようか」というと、また別の者が「雷公にいいつけて、霹靂でやつを殺させよう」という。すると、たちまち雨雲が黒々と集まってきて、雷電が章荀の上を覆った。章荀は飛び退いて、罵ってこういった。

「雷公よ、私は貧窮の者だが、ある限りの力を振り絞って田を耕している。そこに蛇がやって来て食事を盗むのだ。罪は蛇の方にあるはずだ。にもかかわらず、逆に私を雷で打つのか。無知な雷公だ。雷公、お前が襲ってきたら、私は矛で腹を斬り裂いてやるぞ」

すると、たちまち雨雲は消え、雷は攻撃の矛先を転じて、蛇の穴に向かった。その結果、数十匹の蛇が死んだ。

雷神は龍神でもあり、蛇類を統括する総帥でもある。蛇たちの訴えを聞き、蛇に傷を負わせた人間に懲罰を加える立場にあったといえよう。しかし、男の理路整然たる主張をうけて誤解を認め、矛先を変えて、雷で蛇たちを成敗したのである。命を守るための必死の主張とはいえ、人間に「無知」呼ばわりされるほどに、雷神は神聖なる存在とはほど遠いものとなっていたのである。

雷神と龍蛇と剣

この説話に見られるように、雷神は、蛇たちの管理者として蛇を追ったり殺したりするものでもあった。唐代の伝奇小説集『広異記』に見える次の話も同様である。

唐の開元年間（七一三～七四二）の末のこと、太原の武勝之《ぶしょうし》という男がいた。宣州の役人であり、静江《せいこう》という川の管理を任されていた。あるとき、川の水上に雷公を見つけた。雷公は小さな雲に乗り、黄色い小蛇を追って水面をぐるぐる回っていた。武勝之は戯れに石を投げてみた。石が蛇に当たると、金属性の固い音がして、雷公はすぐに飛び去った。人をやって蛇を見に行かせると、一本の銅剣が見つかった。剣の上には篆書《てんしょ》で「許旌陽《きょせいよう》、蛟《こう》を斬る第三剣」と記されていたという。

中国では、剣は火で鉄を溶かし水で鍛えるゆえ、火と水という相反する性質を兼備した神聖なる器物と考えられていた。それゆえに単なる武器としてだけでなく、魔を祓う呪術具としても使われていた。龍も水中に潜み、空中から雨を降らせ、稲妻を発するゆえに、水と火の両性を備えた存在であった。また、天空から地へと流れる稲妻の一本のまばゆい光の筋は、鏡のように磨かれた剣が放つきらめきにも似ているため、龍と剣は同類と見なされたのである。ここでは龍の管轄下にある蛇が剣に変身している。なお、「許旌陽、蛟を斬る」というのは、東晋の道士許遜《きょそん》が旌陽県の役人を務めていたとき、住民に害をなす蛟（悪龍）を斬って人々を救ったという伝説をふまえている。

詩文においても、龍が剣となったり、剣が龍と化したりすることが多い。たとえば唐の詩人李白の「独漉篇《どくろくへん》」には、

　雄剣は壁に掛かっているが、ときどき龍の鳴き声を発する。

とある。剣は龍の化身であり、剣のなかには龍が潜んでいる。剣は龍に変じ、龍は剣に変ずる。こうした考え方が、中国の人々の心に定着していた。

剣は龍蛇と深くつながっており、稲妻の象徴でもある。唐の詩人韋応物《いおうぶつ》の「古剣行」には、霊力ある宝剣について、

　小児や女子は近づくべきではない。龍蛇が変身してこのなかに隠れているのだ。夏雲が空にう

ずまき、雷がゴロゴロと鳴っている。おそらくは剣は霹靂となって天に飛び上がっていくだろう。

とあり、剣が稲妻となることを述べている。

人間に駆使される雷神

雷神の失墜の極みともいえる話が、唐代の伝奇小説に出てくる。裴鉶《はいけい》『伝奇』（『太平広記』巻三九四）が語る雷退治の物語である。

唐の元和《げんな》年間（八〇六〜八二〇）に、陳鸞鳳《ちんらんぽう》という者が海康《かいこう》（広東省）にいた。威勢がよく、鬼神を恐れることがなかったので、郷里の人々はみな晋の豪傑周処《しゅうしょ》の再来と呼んでいた。海康には雷公廟がある。土地の人々は身を清めて祭祀を行っていたが、信仰が度を過ぎて怪しげなことも行われるようになっていた。土地の人々は毎年、最初に雷が鳴った日の干支を覚えておき、十日目に同じ十干の日が巡ってくると、誰も仕事をしようとしない。この禁を犯した者は、二晩もたたぬうちに、必ず雷に打たれて死ぬという。この祟りは、響きが声に応ずるごとく、確実に襲ってくるというのだ。

あるとき、海康に大旱魃《かんばつ》があった。土地の人々は雷公廟に祈願したが、効験がない。すると鸞鳳はひどく腹を立て、「おれの住む土地は雷の郷里だというのに、神と祀られながら幸福を授けないとは何事だ。人間からこれほどに供物を受けているのに、稲は立ち枯れ、用水池は干上がってしまった。供物を供えさせられるだけなら、廟など何の役にも絶たん」といって、たいまつを持っていき、廟に火をつけた。

この土地には、「黄魚と豚肉を混ぜ合わせて食べてはならぬ」という言い伝えがあった。これを犯せば、やはり雷に打たれて死ぬというのである。しかし鸞鳳はこの日、竹の炭で鍛えた刀を持ち、野原の真ん中で禁じられたこの二つを混ぜ合わせながら食べた。何かを待ち受けているような様子であった。すると、果たして怪しげな雲が沸き起こり、気持ちの悪い風が吹き、激しい雷雨が襲いかかってきた。そのとき鸞鳳は、刀で頭上を薙《な》ぎ払った。それがうまく雷公の左の股に当たって真っ二つにし、雷公が地上に堕ちてきた。その姿は熊か猪に似て、毛が生えた角があり、背中の肉翼は青色で、手には柄《え》の短い石斧を持っていた。そして血をだらだらと流していたが、雲も雨もぴたりとやんでしまった。

鸞鳳は雷公が神通力を失ったと見抜いたので、家に馳せ帰り、家族の者に「おれは雷公の股を斬り落したぞ。見にきてくれ」といった。家族はびっくりし、そろって見物に出かけた。そこには確かに股を斬られた雷公がいた。鸞鳳はさらに刀を振り上げ、雷公の首を斬って肉を食べようとした。人々は群がって押しとどめ、「雷は天上の霊あるもの。お前は下界の凡人だぞ。うっかり雷公に危害を加えたら、村中が災難を被るに決まっている」と、着物の袖をとらえ、鸞鳳が刀を振り下ろせないようにした。すると、また雲が起こり、雷が鳴って、負傷した雷公を雲が包み、斬り落された股と一緒に運び去った。雨がどっと降り出し、午《うま》の刻から酉《とり》の刻まで続いたので、枯れた苗はみな生気を取り戻した。

このことがあってから、鸞鳳は村人全員の排斥を受けるようになり、「家に帰ってはならぬ」と言い渡された。そこで刀を持ったまま二十里ほど歩いて、義兄の家に泊めてもらった。その夜、また雷が落ち、天火によって家が燃え始めた。鸞鳳はまた刀を持って庭に立ったので、雷はどうしても落ちかかることができなかった。まもなく義兄に前の出来事を知らせた者がいたので、その家からも追い出されてしまった。

それから寺へ行ったが、ここにも雷が落ち、前と同様に火事が起こった。鸞鳳は身の置き所がないと悟り、夜中にたいまつを持って鍾乳洞にもぐり込んだ。すると、もう雷は落ちかかれなくなった。鸞鳳は洞窟のなかで三晩を過ごしてから、家に帰った。

それ以後、海康では日照りがあるごとに、村人が金を出し合って鸞鳳に贈り、前のときと同じように黄魚と豚肉を混ぜ合わせて食べるように頼むのであった。刀を持つことも、前と同じであった。すると必ず大雨が降ったが、雷はどうしても鸞鳳の上に落ちることができなかった。こうして二十年あまり過ぎたので、村人たちは鸞鳳を雨師（雨の神）と呼ぶようになった。

大和年間（八二七〜八三五）になって、刺史《しし》（州の長官）の林緒《りんしょ》がこのことを聞き、鸞鳳を州庁まで呼び出し、そのようなことをした動機を問いただした。すると鸞鳳は、「子供のころから鉄石のような心を持っていまして、鬼神だろうと雷電だろうと、自分の敵ではないと思っておりました。だから自分の身は死んでも、万民を生かしたいと願ったのでございます。たとえ天帝でありましょうとも、雷鬼を野放しにして、勝手に悪いことをさせるのは、許しておけませぬ」と答えて、雷公を斬った刀を献上した。林緒は十分な報酬を与えて帰した。

ここでは雷神は、鬼神を恐れぬ勇猛な男に屈伏し、いいなりに雨を降らせるという、まことに人間にとって都合のいい便利屋と化している。もはや天帝の使者としての輝きを失い、軽侮される雑鬼神のひとりにすぎなくなっているのである。

肉翼を持つ鬼神・奇獣たち

この話の雷神は、熊か猪のような四つ足の獣である。毛の生えた角を持ち、背中には青い「肉翼」があるという。肉翼とは、羽毛のない翼のことで、肉の膜が広がった蝙蝠《こうもり》の翼のようなものをいう。

一般にコウモリは翼手類《よくしゅるい》と呼ばれ、指の間と腕の脇に膜が発達して翼を形成している（図43）。翼の面積を大きくするために指が長くなり、まさに蝙蝠傘のように、翼に指の骨の筋が入るのが特徴である。これに対して鳥類は、翼の面積のほとんどが羽毛によって構成され、腕自体はそれを動かすためのもので、きわめて細い。

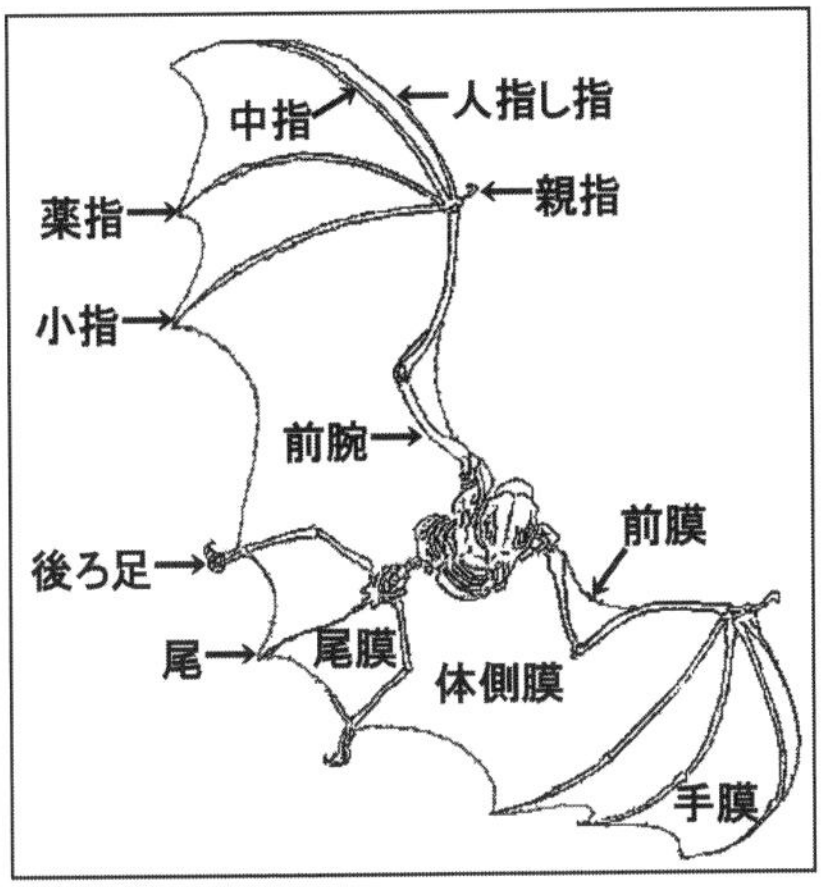

図43　コウモリの骨格

中国美術や文学に現れる肉翼を持つ者たちは、本来は空を飛ぶ能力のない、人間や四つ足の動物の姿をした奇獣たちである。肉翼は、天界を飛行するための器官として、腕とは別に背中に生えている。肉翼のほかにも、諸文献には「肉翅《にくし》」あるいは「肉翮《にくかく》」として記載されている。『唐書《とうじょ》』五行志には、

大暦八年（七七三）に陝西《せんせい》の武功県で大鳥が獲れた。肉翅があり、頭は狐、四つ足で爪の長さは四尺余り、毛は赤く、蝙蝠のような姿である。多くの鳥がこれに付き従い、周りで騒ぎ鳴く。

これは四つ足の奇獣で、頭は狐に似ており、蝙蝠の

ように飛び回るものだったようだ。唐の『酉陽雑俎《ゆうようざっそ》』にも陜西地方の奇鳥の記事として、秦《しん》（陜西地方）の山谷の間に鳥がいる。梟《ふくろう》のような姿で色は青と黄色、肉翅があり、雲や霞の類を好んで食べる。人を見ると驚いて落ちてしまい、草に頭を突っ込んで、体は外に出したままである。声は赤ん坊の泣き声のようである。

と記している。宋の『輟耕録《てっこうろく》』にも奇鳥の記録があり、

五代山に寒号虫《かんごうちゅう》という鳥がいる。四つ足で肉翅があるが飛ぶことはできない。その糞が五霊《ごれい》脂《し》である。

と述べている。また、時代は下るが清の王士禛《おうししん》『居易録《きょえきろく》』には空飛ぶ虎の記録があり、

肉翅虎《にくしこ》は石抱山《せきほうざん》にいる。昼間は寝ていて夕方から出てくる。その翼は蝙蝠のようで、体には虎の文様がある。空を飛び、人を食う。その皮には鬼神を避ける力がある。

というように、蝙蝠のような翼で空を飛び、人間を襲う猛獣であった。後世では、「蝙蝠《へんぷく》」の「蝠《ふく》」は「福《ふく》」と同じ音なので、縁起の良い動物として喜ばれるようになるが、唐・宋代までは「半鳥半獣の不気味な存在」というイメージがあったようだ。右に挙げた記録は、いずれも伝聞をもとに作り上げられた虚報だが、世にも稀なる奇獣・奇鳥の雰囲気を醸し出す効果が「肉翅」には認められていたということでもある。その多くは四つ足の獣で、飛行のために肩か背中に肉翅がついていると想像されていた。この肉翅を持つ奇獣について、近世の文献ではあるが『古器図』(『佩文韻府《はいぶんいんぷ》』所引)には、

　画本のなかの、肉翅のある飛獣を蚩尤という。

とあり、古代の代表的悪神「蚩尤」の名が付けられていることも、その否定的イメージの名残であろう。

半鳥半人化する雷神

裴鉶『伝奇』の雷退治の話に見るように、唐代の雷神にはすでに肉翅(肉翼)がついていた。一方、図像表現においても、雷神の背中に肉翅がつく現象は、やはり唐から宋にかけて始まることの

ようである。無翼から有翼への変化は、よりリアルな表現を求めた時代思潮の影響があるのだろう。その変化をはっきり確認できる例として「洛神賦図《らくしんふず》」を挙げておこう。

「洛神賦」は、三国時代・魏の曹操の第三子曹植《そうち》（一九二～二三二）が詠んだものである。兄の文帝（曹丕《そうひ》）に謁見するために洛陽に行った帰り、洛水のほとりで洛水の女神（宓妃《ふくひ》）に出会ったことをうたっている。しばしの交流の後、女神が天に昇って去りゆく直前、川面の様相が変化する。その場面の描写に天界の鬼神たちが登場する。

そこで屏翳《へいえい》は風を止めて、川后《せんこう》は波を静める。馮夷《ひょうい》は太鼓を鳴らし、女媧は澄んだ歌声をあげる。文魚《ぶんぎょ》を飛ばして車の準備を触れ回らせ、車の玉の鈴を鳴らしながら、女神の一行は一斉に出発した。

馮夷は黄河の神で河伯《かはく》ともいう。女媧は伏羲の妻で三皇のひとりにも数えられる女神。問題は屏翳である。風を収めるわけだから文脈上は風神ということになるが、『史記』司馬相如《しばしょうじょ》伝の「大人賦《たいじんふ》」に『史記正義』がつけた注では「雷師」（雷神）とあり、『楚辞《そじ》』九歌「雲中君」の王逸《おういつ》注では「雲の神」、『山海経』海外東経の郭璞《かくはく》注では「雨師」（雨神）とする。『文選《もんぜん》』の李善《りぜん》注も「屏翳を説明する者は多いが、どれも確証がない」と述べている。いずれにせよ、風・雷・雲・雨といった

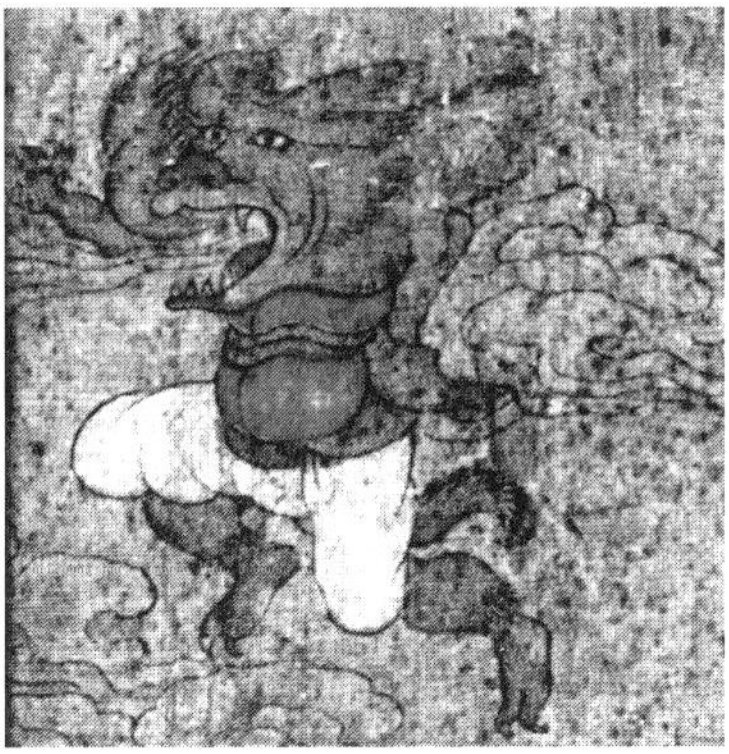

▶図 44　「洛神賦図」の屏翳
▲図 45　北宋「洛神賦全図」の屏翳

自然現象を司る天界の鬼神であることに変わりはない。

この「洛神賦」を絵画化したものが「洛神賦図」で、東晋の顧愷之《こがいし》（四世紀半〜五世紀初）の作である。現存する「洛神賦図」には数種類あり、いずれも顧愷之の実作ではないが、故宮博物院本は実作に最も近い宋代の模写といわれる。そこに描かれた屏翳が図44だ。大きな頭、大きな耳、全身が短い毛で覆われ、尻尾があり、手足の指や爪は猛獣のそれに近い。口から風を吐き出し、雲を後ろに従える。東晋を含めた南北朝期の鬼神の姿を忠実に再現しているといってよいだろう。

これに対して、顧愷之の作に準拠しながら、新たな表現で描き直したものが、北宋の「洛神賦全図」（故宮博物院所蔵）である。そこでは、同じ屏翳を図45のように、背中の肉翅を広げた姿で表現している。また、左手には蛇を握りしめているが、前述した『広異記』の蛇を追い回す雷神を想起させるものといえる。

図46　南宋漆器に描かれた鬼神たち

唐代には始まっていた雷神の半鳥半人化は、宋代ではほぼ定型化していた。図46は南宋時代の漆器に描かれた天界の鬼神たちである。この漆器の表面には、道教の地鎮の神である玄天上帝《げんてんじょうてい》、つまり四方を守る聖獣「四神」のうち北方の守護神である玄武を神格化した神が描かれている。図46は、それに付き従う手下の鬼神たちの姿である。横長の筒から雨を降らせる雨師（中央）、稲妻の殺傷力を象徴する斧を持つ官僚姿の神（左）とともに、鳥の嘴と肉翅を持つ雷神（右）がいて、両手で鑿を握りしめている。

図47は、南宋時代の十二世紀前半に描かれた「水官図」の一部である。天官・地官・水官という三人の道教神を、それぞれ一幅ずつの掛け軸にし、その周囲に手下の鬼神たちを配している。図47は、海上を行く水官に従う鬼神たちの姿である。背中に大きな壺を担いでいる鬼神（左）は、壺に入った水を地上に注いで雨を降らせる雨師。中央には、連鼓に囲まれた雷神がいる。半裸で赤い褌《ふんどし》を着

図47　南宋「水官図」の鬼神たち

け、背中には肉翅があり、頭部は熊か犬のようである。何か悪さでもしたのであろうか、首に縄を巻かれて引っ立てられている。雷神を引っ張っているのは風神（右）であり、風を吹き出すために使う袋が、風船のように大きく膨らんで、腰の下に置かれている。古代の威風堂々たる雷神と比べると、目を覆いたくなるような失墜ぶりで、その表情には哀れをそそられる。

古代中国の有翼鬼神

このように、唐代以降、雷神は半鳥半人化していくわけであるが、その背景には、中国古代からの天界の有翼神たちの影響も少なからずあると思われる。たとえば、古くは湖北省天星観二号墓から出土した紀元

図49　漢代画像石の西王母と青鳥

図48　戦国時代の木彫羽人像

前四世紀、戦国時代末期の漆塗り木彫羽人像《うじん》（図48）は、背中に鳥の翼があり、口は鳥の嘴状、足も鳥の爪状になっており、後世の雷神や日本の鳥天狗とまったく同じ姿をしている。この羽人像がいかなる神を表したものかは不明であるが、こうした半鳥半人の鬼神たちの姿は、同じく戦国時代の遺跡である湖北省の曾侯乙《そうこういつ》墓から出土した漆棺《しっかん》にも描かれており、当時の江南地域においては、天界の鬼神たちのイメージとして定着していたと想像される。

また、漢代になって数多く造営された画像石墓でも、不老不死の仙人が、エンジェルのように背中に翼の生えた羽人の姿でしばしば描かれている。図49の画像石では、中央に崑崙山《こんろんざん》の女神西王母《せいおうぼ》がおり、その左に鳥頭有翼の僕《しもべ》がいて不老不死の仙草を奉っている。この僕は、『山海経』海内北経に記載される西王母の食糧調達係で、名前を青鳥《せいちょう》という。西王母が遣わす使者でもあり、『漢武故事』では七月七日に宮殿の屋根に飛来して、西王母の到来を武帝に告げている。後世、青鳥には「恋の使者」の意味も加わり、恋愛詩にも登場するようになる。

一方、古代人の想像のなかでは、まだ見ぬ異国の民も半鳥半人の怪物のような容貌をしていると考えられていた。『山海経』海外南経では、海外には羽民国《うみんこく》なる国があり、その民は身体に羽毛が生えているという。郭璞の注によれば、羽民の姿は、顔には鳥の嘴があり、目は赤く、頭は白いという。図50は、『山海経』の記述をもとにして、明の『三才図会《さんさいずえ》』に描かれたものである。同じく海外南経の讙頭国《かんとうこく》の説明には、

讙頭国はその南にあり、人々の姿は人面で鳥の翼や嘴があり、魚を食べて暮らしている。

図50　羽民（『三才図会』）

とあり、まるで海鳥のように嘴で魚を捕らえて食べているのだという。

このように半鳥半人の鬼神や怪人たちは、古代中国人の想像世界ではごく当たり前の存在であった。それが後世の雷神の姿にも影響を与えたであろうと思われる。

2 仏画のなかの鬼神たち

鬼子母神の手下

さて、雷神の半鳥半人化に影響を与えたものとして、中国古代の有翼神や羽人のほかに、もうひとつ別の要素が存在する。それは中国の仏教美術における鬼神のイメージである。仏教は、紀元後一～二世紀に中国に伝来して以来、中国文化や中国人の精神構造に大きな変化をもたらしてきた。多くの経典を持ち、長い歴史のなかで複雑で緻密な思想体系や神々の体系を築きあげていた仏教は、中国に伝来すると多くの民衆の心をつかんだだけでなく、中国在来の宗教である道教にも影響を与え、思想的な深化と信仰体系の複雑化という変革をもたらした。それは、中国在来の鬼神のあり方やその姿にも影響を与えることになった。

中国の仏教美術には、半鳥半人型の鬼神像がしばしば登場する。実は、それらは必ずしもすべてがインド伝来というわけではない。中国において、インド的な鬼神イメージと中国在来の鬼神イメージのなかから、仏教側が取捨選択して導入したものも多いのである。その代表格が、鬼子母神《きしもじん》の手下の鬼神たちである。

多神教である仏教は、如来や菩薩といった仏教的理想世界の主神、悟りへの導き手としての神々とは別に、古代インドの民間信仰の諸神、とくに現世利益に関わる神々を数多く内包している。鬼子母神もそうした神々のひとりである。

鬼子母神とは、二世紀ごろからガンダーラ地方をはじめ、インド各地でも信仰されていた安産と子育ての女神ハーリティー（Hārītī 訶梨帝《かりてい》、訶利底《かりてい》、あるいは訶利底母と漢訳）のことである。その原型は、豊穣と繁栄の大地母神にあると考えられている。子供の無事な成長と子孫繁栄を願う心は、人類共通のものであり、それにこたえて病気や怪我、誘拐などから子供を守ってくれる鬼子母神は、中国や日本でも広汎な信仰を獲得した。一般的にその姿は、幼児を抱いた母親の姿で表され、手には多産を象徴する石榴《ざくろ》を持っていることが多い。近年の田辺勝美氏の研究によれば、ガンダーラ地方のハーリティーには、ギリシアの幸運と豊穣の女神で、果物などを入れた豊穣の角（コルヌコピア）を抱えたテュケという女神の影響が見られるという。また、豊穣の角は、鬼子母神が中国に伝えられたときには、中央アジアの豊穣の象徴である石榴に替わっていたともいう（「鬼子母神と石榴」）。

図51は、北宋初期の「水陸斎儀神像図《すいりくさいぎ》」石刻に描かれた鬼子母神像である。水陸斎（水陸会《すいりくえ》とも）とは、世に迷うさまざまな亡霊たちを救って成仏《じょうぶつ》させるために、大規模な施餓鬼《せがき》を行う仏教儀式である。中国では南北朝時代に始められ、唐宋時代に大流行した。中国的要素を多分に取り入れた水陸斎には、仏教の神々だけでなく、中国の道教神も招請されており、この石刻にも天蓬元帥《てんぽうげんすい》・黒《こく》殺《さつ》・翊聖真君《よくせいしんくん》などの道教諸神が描き込まれている。

画面中央の鬼子母神は乳飲み子を優しく抱き上げているが、問題はその右後方にいる手下の鬼神である。幼児を肩車し、振り返りつつ何かを語りかけているようなしぐさをしている。上半身が裸なので下級神であることは明らかだが、鼻は豚のようで、さらに一番の形態的特徴は口が鳥の嘴になっていることである。では、鬼子母神の手下がなぜ半鳥半人の姿をとるのであろうか。

子供をさらう鬼子母神

仏典では、仏や菩薩ではないインドの民間の諸鬼神はヤクシャ（yakṣa）と呼ばれる。中国の仏典では「夜叉」「薬叉」と漢訳され、中国の鬼神に相当する下級の諸神であると考えられた。鬼子母神もそのヤクシャのひとりであり、無数の諸鬼神を統括する老鬼神王パーンチカ（Pāñcika 般闍《ぱんじゃ》迦《か》）の妻として、鬼神世界でもきわめて重要な位置を占めている。パーンチカについては、同じく鬼神王とされる毘沙門天との関係で、後で触れることになるので、記憶に留めておいていただきたい。
鬼子母神がパーンチカとの間にもうけた子供の数は千人もおり、それぞれが成長して鬼王となっている。息子たちは二つのグループに分かれ、五百人は天上世界で、五百人は地上で活躍している。ひとりの鬼王が数万鬼の手下を引き連れ、諸天や帝王・人民を苦しめているという。

図51　北宋「水陸斎儀神像図」石刻の鬼子母神

鬼子母神はもともと、息子の鬼王たちや手下の鬼どもを使って、世間の幼児たちを奪って食べていた悪神であった。図51の嘴のある鬼神は、子供をさらって鬼子母神の所に届けていた無数の下級鬼神のひとりと考えられる。

天界の悪鬼を駆使して幼児をさらい、食糧としていたこの凶悪な女神が「子育ての神」に変貌し、庶民から篤く信仰されるようになった経緯については、『雑《ぞう》宝《ほう》蔵《ぞう》経《きょう》』『仏説鬼子母経』などの経典に、おおむね次のように記されている。

インドの大兜国《だいとうこく》にひとりの母親がいた。残虐な性格で、日常的に他人の子供を盗んで食べて暮らしていた。子を亡くした家々では、誰が子供をさらったのか、遺体がどこにあるのかもわからず、ただ悲嘆するばかりで、巷《ちまた》にはそうした悲しみの泣き声が溢れていた。

あるとき、釈迦が弟子たちとこの国を訪れた。人々の様子をいぶかしみ、事情を尋ねるうちに、鬼子母の所業が原因であることを知った。鬼子母の息子たちが数万の手下の鬼どもを引き連れて、天人や人民を苦しめていたのである。「どうしたら鬼子母に子供を盗んで食べることをやめさせることができるでしょうか」と弟子の阿難《あなん》が尋ねると、釈迦は「鬼子母の子供をひとり捕まえてくるように」と弟子たちに命じた。弟子たちが末っ子の嬪伽羅《びんから》を捕まえてくると、釈迦はまるい鉢をかぶせて嬪伽羅を隠した。

わが子が消え失せたことに気づいた鬼子母は、町の内外を捜し回ること十日、食べ物も喉を通らず、ついには髪もボサボサとなり、天を仰いで狂ったように泣き叫ぶありさまであった。たまたま通りかかった仏僧が事情を聞き、「博識のお釈迦様なら、お子さんの居場所も御存じかもしれませんよ」と助言したので、鬼子母は釈迦の所へ行き、ひざまずいて助けを請うた。

釈迦は「お前には多くの子供がいるのに、たったひとりいなくなっただけで、なぜそのように悲しむのか。世間の親たちには、子供はひとりか多くて数人しかいない。それをお前は殺害しているのだぞ」と叱った。自分の犯した罪の大きさを悟った鬼子母は「わかりました。嬪伽羅を取り戻せましたら、今後二度と世間の子を殺したりしません」と誓った。

そこで釈迦は鬼子母に、鉢のなかに閉じ込めた嬪伽羅の姿を見せてやった。鬼子母はそれを見るなり、神力のすべてを使って、鉢から出そうと試みた。しかしまったく歯が立たない。力を使い果たし途方に暮れる鬼子母を前に、釈迦は「もしお前が仏道に帰依するというのなら、子供を返してやるが、どうだ」と尋ねると、鬼子母は素直に応じ、五戒を受けて仏門に入信した。すっかり改心した鬼子母は、これ以後、子供の守護神となり、自分の息子の鬼王たちにも、悪さをせず子供たちを守護するよう命じた。また、子供がいない夫婦が祈りにくれば、すぐに子供が生まれるようにしてやるようにもなった。

こうした鬼子母の子育てへの深い願いに動かされ、毘沙門天などの神々も、鬼子母に協力して、妊婦を安産に導いたり、人命の守護に励んだりするようになったという。

インドやガンダーラの仏教彫刻には、ハーリティーとパーンチカの夫婦が子供を抱えた姿を表現したものがしばしば見られる。だが、そこには手下の下級鬼神の姿はない。また、鬼子母神に関する経典に半鳥半人の鬼神が出てくることもない。つまり、それは仏教伝来後に中国人の想像力のなかで生まれ、追加されたものと考えられる。

半鳥半人の鬼神のイメージ

鬼子母神の画像に半鳥半人の鬼神が描かれるのは、北宋初期の石刻である図51だけに見られる特殊な現象ではない。鬼子母神を描いた中国絵画に、ほぼ共通しているのだ。たとえば図52は元代の画家朱玉（一二九三〜一三六五）が描いた「掲鉢図《けいはつず》」である。透明な鉢のなかに閉じ込められた息子嬪伽羅の姿を見せられた鬼子母神が、その神力の限りを尽くして鉢をこじ開け救い出そうとする場面が描かれている。仏典には記されていないその場の具体的な状況が、中国の人々のたくましい想像力によって詳細に描き込まれているのだ。

実際に救出の作業にあたっているのは鬼子母神本人ではなく、鬼王に成長した武将姿の息子（図52右端）や、その手下の下級鬼神たちである。鬼子母神は左端で手を合わせて心配そうに作業を見つめている。鬼神たちは腰布を着けただけの半裸姿であり、武将姿の息子に比べると明らかに格下の風体をしている。天空にいる鬼神たちは、肩にかついだ隕石を地上に向けて落そうとしたり、円輪に水瓶や太鼓をつけて豪雨を降らせ雷鳴を轟かせている。中央ではクレーンのごとき巨大なテコを丸太で組んで、嬪伽羅を閉じ込めている透明な鉢をこじ開けようとしている。

地上の鬼神たちは、みな頭に小さな角があり、多くの者は鳥の嘴状の口をしている。さらに、背中に蝙蝠のような翼がついている者も多い（図53）。ただし、頭に角はあるが、背中に翼はなく、口も人間と同様の者もいる。このように半裸の鬼神にも二種類あり、「小さな角が頭上両端に付い

図 52　元・朱玉「掲鉢図」

ているだけで人間にきわめて近いタイプ」と、「半鳥半人のタイプ」に分けられているのである。下級鬼神には、飛行能力を持つ者と持たない者がいるという認識の表れであろう。

「掲鉢図」は、釈迦の説得に屈して改心する前の鬼子母神の様子を描いたものであるから、ここに描かれた下級鬼神たちは、それまで地上の嬰児たちをさらって鬼子母神に提供していた手下たちである。同様の鬼神は、同じく元代の作品である「掲鉢図」(作者不肖)にも描かれている(図54)。

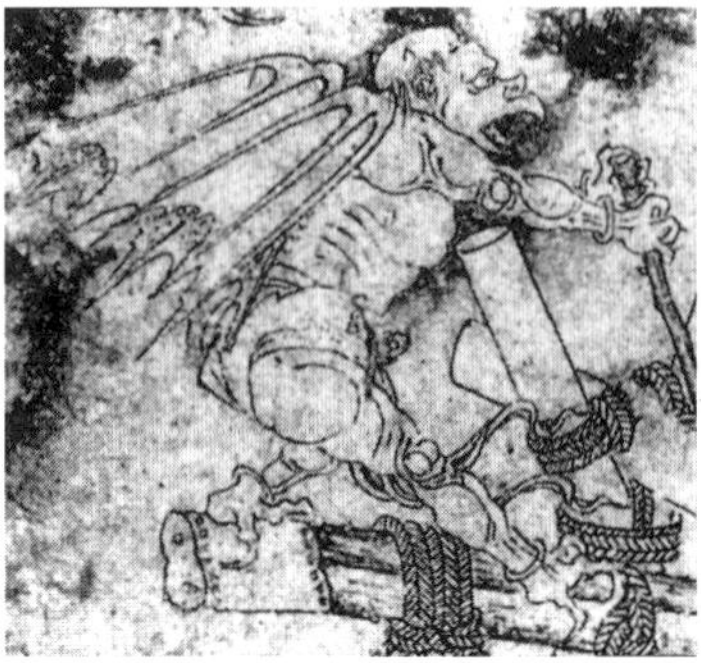

図53　朱玉「掲鉢図」の有翼鬼神

図54　元「掲鉢図」(作者不詳)の有翼鬼神

さて、ここで考えなければならないのは、中国ではなぜ鬼子母神の手下の鬼神たちを半鳥半人の姿で表したのか、ということである。おそらくは、「子供をさらう鬼神」が「幼児をさらう猛禽類」のイメージと重なって、こうした結果となったのではないだろうか。日本の「天狗さらい」や良弁杉の故事のようなことは、むかしの中国の農村地帯でも頻発していたはずである。また、図49（一七六頁）の漢代画像石に見た西王母とその食糧調達係の青鳥のイメージを、鬼子母神とその手下の姿に重ねて見ることもできるだろう。

朱玉という画家は十三世紀末から十四世紀半ばにかけての人物であり、その活動時期は、ちょうど日本で『天狗草紙』や『是害房絵』などに半鳥半人の天狗が描かれるようになった時期と重なっている。図51の石刻はそれより三百年ほど前の北宋初期の作品であり、おそらくは唐代あたりから、中国では西王母の青鳥など古来の天界の鬼神のイメージをもとに、鬼子母神の手下の鬼神をこのような姿で想像していたと思われる。日本で烏天狗が登場するずっと以前から、中国の想像世界ではこうした風貌の下級鬼神たちが跋扈していたのである。その姿は、先に見た図46の南宋の雷神（一七四頁）とも共通するものである。半鳥半人の鬼神像は、鬼子母神の手下に限らず、天界の雑鬼神に共通のイメージとして、唐代から宋代にかけて形づくられていったものといえるだろう。

毘沙門天に駆逐される悪鬼

中国鬼神の半鳥半人化に影響を与えた仏教的要素を考える上で、鬼子母神像とならんで重要な示

図55　唐「行道天王図」

図56　唐「行道天王図」の有翼鬼神

唆を与えるものとして、一連の毘沙門天像の存在を紹介しておきたい。まず、図55は、敦煌石窟で発見され、スタインがイギリスに持ち帰った唐代の仏画「行道天王図《ぎょうどうてんのうず》」である。毘沙門天は甲冑を身に着け、ひときわ大きく立派に描かれており、右手に槍を持ち、左手から出る雲の上に小塔を載せている。毘沙門天をはさんで画面右には、花を盛った盆を捧げ持つ女神の功徳天《くどくてん》、左には金杯を持ち白い腰布を身につけた老人の婆藪仙《ばすうせん》をはじめ、奇怪な容貌の夜叉たちが控えている。ここには、毘沙門天が眷属を引き連れ、雲に乗って海上を飛行していくさまが描かれている。彼らは画面右上の彼方から右下へと飛行しているようで、雲が後ろに長くたなびいている。

その雲の最後尾、画面右上に、何やらこそこそと逃げている様子の半鳥半人の鬼神が描かれている（図56）。うっすらとした黒雲のなかにいて、蝙蝠の翼のような肉翅を持ち、足指は鳥のように鋭く長い。腰には動物の毛皮らしきものを巻き、上から赤い褌状の布を締めている。体の右側を覆う小さな黒雲は、身を隠すためのものか、あるいは攻撃を受けて煙を発しているのであろう。髪の毛は上に長く逆立ち、鳥の嘴状の鼻はまさに天狗のごとく長くなっている。

同じくスタインが敦煌で収集した唐末五代の「行道天王図」（図57）でも、同様の鬼神が確認できる。ここでは白馬に跨がり城門を出て水上を行く毘沙門天と、それを見送る眷属たちが描かれており、白馬の足元に半鳥半人の鬼神がいる。半裸の夜叉に髪の毛をつかまれて押さえつけられ、蝙蝠の翼のような肉翅の一部が下に見えている。肉翅の色はオレンジ色である。手足や顔に鳥の特徴は見られないが、この鬼神もやはり毘沙門天に撃退される悪神として描かれているのである。

「行道天王図」は、宋の徽宗《きそう》の名画コレクション目録である『宣和画譜《せんながふ》』では「過海天王像《かかい》」「遊《ゆ》行《ぎょう》天王像」とも呼ばれている。また、同じく宋代の『図画見聞誌《とがけんもんし》』や『益州名画録《えきしゅうめいがろく》』等の画譜にも作品名が残されており、南北朝末期から唐宋にかけて中国国内で数多く描かれていた仏画である。松本栄一氏の『敦煌画の研究』によれば、それは『長阿含経《じょうあごんきょう》』『起世経《きせきょう》』等の経典の記述に基づく遊行する毘沙門天の表現であるという。

毘沙門天が住む場所は、仏教世界の中心にそびえ立つ須弥山《しゅみせん》の北側にある由乾陀山《ゆかんださん》であり、その山頂の周囲に三つの城を構えている。城と城の間には、海のごとく広大な池や、大陸のごとく広大な庭園が広がっている。毘沙門天はしばしば居城を出て、五大夜叉などの眷属を引き連れてその美しい庭園を散策するのだという。「行道天王図」は、毘沙門天が多くの随従とともに雲に乗り、海上を飛行して庭園に向かうときの姿を表現したものと考えられている。

「行道天王図」以外にも、毘沙門天に撃退される悪鬼を描く作品は多い。敦煌莫高窟第一四六窟

図57　五代「行道天王図」

図58　敦煌莫高窟第146窟天井画の毘沙門天像

図59　敦煌莫高窟第146窟天井画の有翼鬼神

の天井に描かれた北方の守護神としての毘沙門天像（図58）にも、その例を見いだすことができる。五代（十世紀）の作とされるこの壁画では、壇上でひざまずき、塔を捧げ持つ毘沙門天の後方に、例の半鳥半人の鬼神がいる。これまでの図と同様、毘沙門天の手下の鬼神に頭をつかまれて押さえつけられている（図59）。ここでは顔は人間風だが、肉翅だけでなく足指にも鳥の特徴を見て取ることができる。肉翅が鮮やかな赤色をしているのも大きな特徴のひとつであるが、このことについては後でカルラとの関係で触れることになろう。

さらに西域のトゥルファン近くにあるベゼクリク石窟壁画にも、同様の毘沙門天と鬼神たちの像がある。トゥルファンは現在はウイグル人の居住地域であるが、前漢時代から多くの漢人が移住していた。南北朝から唐代にかけては、漢人によって高昌《こうしょう》国が作られるなど、長く中国の支配下にあり、中国文化圏に含まれる地域である。また仏教にとっては、敦煌とともにシルクロード東端の重要な拠点であり、多くの寺院が建てられた。

図60　ベゼクリク壁画の毘沙門天と有翼鬼神

ベゼクリク石窟の第九号窟の壁画は、ドイツのグリュンヴェーデルらによって九世紀のものと推定されている。そこに「毘沙門天図」（図60）がある。甲冑姿で剣を持った毘沙門天、その周囲に退治される二人の鬼神の姿を見て取ることができる。ひとりは画面の右下、毘沙門天の足元にいる半裸で鳥の翼と嘴を持つ鬼神である。首を縄で縛られ、中国人風の人物に引っ張られており、半裸の下級鬼神に右手をつかまれて棍棒で打ち据えられている。その足には猟犬のような動物が噛みついている。もうひとりは、毘沙門天の視線の先にいる半裸で鳥頭の鬼神である。画面左下の、弓を引き絞った人物から狙われ、逃走しようとしている。

半鳥半人の鬼神を駆逐するべゼクリクの「毘沙門天図」については、松本栄一氏の『敦煌画の研究』において、おおむね次のように説明されている。まず、『毘沙門天儀軌』等に記された奇跡譚によれば、

唐の領土である西域の安西城（亀茲《きじ》）が天宝元年（七四二）、西蕃軍に包囲される危機があった。そこで唐の玄宗皇帝が不空三蔵に命じて守護の祈禱をさせると、城の北門楼閣上に毘沙門天が出現し、突然、金色の甲冑に身を包んだ不思議な軍勢が現れて敵を撃退し、金色の鼠が敵の弓の弦を嚙み切った。

という。こうした護国の守護神としての毘沙門天信仰は、トゥルファンや敦煌など、西域東部でとくに盛んであったようである。

毘沙門天の僕《しもべ》として活躍する金色の鼠については、『大唐西域記《だいとうさいいきき》』巻十二に次のような類話があ

る。

于闐《うてん》国には毘沙門天が祀られていた。建国した初代の王が、跡継ぎが生まれないことを悩み、毘沙門天像に祈ると、像の額から赤子が生まれ出た。代々の于闐国王は、その毘沙門天の子の末裔である。かつて于闐国が数十万の匈奴《きょうど》軍に攻撃されたとき、鼠の神の導きにより撃退することができた。敵軍の馬具や甲冑、弓の弦などが、鼠によって噛みちぎられていたのである。

ベゼクリク石窟の毘沙門天図は、こうした西域の信仰を背景に描かれたものであり、半鳥半人の鬼神の足に噛みつく猟犬（図60下部）は、毘沙門天の金色の鼠が転化したものと考えられている。

鬼神王としての毘沙門天

毘沙門天は、もともとはクベーラ（kubera）という古代インドの「豊穣と財産の神」であった。また、ガンダルヴァ（gandharva 乾闥婆《けんだつば》）やヤクシャ（夜叉）、ラークシャサ（rākṣasa 羅刹《らせつ》）といった半神半魔の鬼神を統括する「鬼神王」でもあった。「クベーラ・ヤクシャ」の呼称もあるので、毘沙門天自身もヤクシャ、つまり夜叉に分類されている。インドでは、その姿は男性貴族、あるいは中国の布袋《ほてい》和尚のような、でっぷり太った太鼓腹の男性として表される。インドの民間信仰の神として人気のあったクベーラは、仏教に取り入れられると、「鬼神王」としての性格を発展させ、仏教世界の四方（東西南北）を守護する四天王のひとりとなる。

田辺勝美氏によれば、クベーラはガンダーラ地方において、ヘルメス（ギリシアの商業と道路の神）や、ファッロー（クシャーン族の富と豊穣の神）などと習合して、手に伝令杖を持ち、鳥や翼の形をした冠を着けるようになったという。また、四天王のなかでも最も重要な地位を占めるようになり、道祖神として、あるいは財産や仏法の守護神として、甲冑に身をかためた武将の姿で表されるようになったという（『毘沙門天像の起源』）。

漢訳仏典に描かれた毘沙門天の性格は、おおむね次のようになる。毘沙門天は夜叉や羅刹といった諸鬼神たちの王であり、無数の鬼神を眷属として仏教世界を守護する神である。妻は吉祥天《きちじょうてん》であるという。その姿は、甲冑を身に着け、左手に宝塔を捧げ持ち、右手には宝棒もしくは宝剣・三《さん》叉戟《さげき》などを持つ。多くの毘沙門天像では、足元には台座の代わりに二人の半裸の鬼がいて、毘沙門天の足や腰を支えている。

『仁王護国般若経疏《にんのうごこくはんにゃきょうしょ》』第二では、四天王のひとりに毘沙門天を挙げ、その眷属として夜叉・羅刹を当てている。四天王としては北方の守護を担当し、「多聞天」と呼ばれることが多い。毘沙門天が仏教の守護者として常に釈迦を護衛していたため、説法を多く聴聞していたことによる命名であり、「多聞大鬼神将《たもんだいきしんしょう》」と呼ばれる場合もある。また八方天、あるいは十二天のひとりともされる。

天空で阿修羅と戦う帝釈天《たいしゃくてん》の軍神のひとりにも挙げられており、戦勝祈願の神である。

さらに、唐代に不空三蔵が毘沙門天に祈願し、その霊験によって西蕃軍を撃退したという前述の逸話から、「護国の神」としての崇拝を受けることにもなった。こうした護国の軍神の性格が加わったことにより、中国はもとより、日本でも国家や都市の守護神としての信仰を受けるようになる。平安京の守護神として羅城門《らじょうもん》に祀られたという伝説のある「兜跋《とばつ》毘沙門天像」（図61）は、護国の神としての姿を表した派生形である。

図61　兜跋毘沙門天像

毘沙門天と鬼子母神

仏教には、下級の夜叉を統括する「夜叉の王」が数多くいる。毘沙門天は、そうした夜叉王たちの上にいる「王中の王」とされる。夜叉の諸王のなかで上位を占めるものたちを、仏教では「八大夜叉」と呼び、毘沙門天の重要な眷属に数えている。その名は経典により多少異なるが、①摩尼跋《まにば》陀羅《だら》、②布噜那跋陀羅《ふるなばだら》、③半支迦《はんしか》、④娑多祁哩《さたぎり》、⑤醯摩嚩多《けいまばた》、⑥毘灑迦《びしゃか》、⑦阿吒嚩迦《あたばか》、⑧半遮羅《はんじゃら》である。このうち、③の半支迦は先に触れたパーンチカ（般闍迦）、つまり鬼子母神の夫である老鬼神王にほかならない。毘沙門天と鬼子母神夫婦は上司と部下の関係にあるわけで、経典によっては半支迦を毘沙門の子であり、哪吒《なた》の父であるとするものもある。

密教の胎蔵界曼荼羅は、仏教の諸神が網羅的に描き込まれた仏教世界図ともいえるものであるが、その描き方を詳述した『大日経疏』や『大日経義釈』等では、胎蔵界曼荼羅の北門に描く神を毘沙門天王とし、その眷属として夜叉八大将（八大夜叉）と訶栗底母《かりていも》（鬼子母神）・功徳《くどく》天女（吉祥天）を配している。毘沙門天を本尊とする日本の「毘沙門曼荼羅」でも、内院中央の毘沙門天を囲むように、吉祥天と鬼子母神、五太子・四天王・八大夜叉・二十八使者・男鬼・女鬼たちが配される。こうしたことからわかるように、毘沙門天と鬼子母神は、鬼神の統括者として密接な関係にあるといえる。

先に見たように、『雑宝蔵経』や『仏説鬼子母経』によれば、鬼子母神の千人の息子たちはみな鬼王となり、それぞれ数万の下級鬼神を従えて、世間で悪事を働いていた。その下級鬼神たちを、『仏説鬼子母経』は「鬼官属」という語で呼んでいる。つまり、鬼神界には王の下に国家のごとき官僚組織があり、無数の下級官僚としての鬼神たちが、鬼子母神やその息子たちに仕えているということである。『仏説鬼子母経』では鬼官属として、樹木神・地神・水神・海神・船車神・宅舎神・夜の闇の神・病死者などを挙げているが、その実態はインドの民間信仰の諸鬼神であると考えられる。こうした雑鬼神たちが、「夜叉」や「羅刹」の名で仏教に取り込まれているのである。つまり、図51で鬼子母神に付き従って幼児を抱えていた半鳥半人の鬼神や、図52で鬼子母神の子を救い出そうと立ち働いていた有翼・無翼の鬼神たちは、こうした夜叉や羅刹といった下層階級に属する者たちということになる。

また同様に、毘沙門天が統括している鬼神も、夜叉や羅刹たちである。彼らはもともと人間界に災厄をもたらす悪鬼であるが、毘沙門天に調伏され訓育をうけて善神と化し、人間の種々の願望をかなえるために活躍するということになっている。ただし、なかには服従を拒否し、悪行を働き続ける者どももいて、相変わらず人間たちを苦しめている。毘沙門天はそうした不心得者たちを撃退したり、懲罰を加えたりする役割を担っているのである。図55の「行道天王図」をはじめとする一連の毘沙門天図には、逃げたり懲らしめられたりする半鳥半人の悪鬼たちが描かれていた。彼らの正体は、服従することを拒み、悪さをし続けていた下級の夜叉や羅刹たちだったのである。

夜叉と羅刹

夜叉すなわちヤクシャは、インドでは本来「樹木の精霊」のことであった。インド彫刻では、樹上に立つ半裸の美女として表現されたりすることが多い。樹木神としての夜叉は、仏教に取り入れられて、後述するカルラなどとともに仏法を守護する「八部衆」のひとりとなる。一方、樹木神も含めたインドの民間の諸鬼神が「夜叉」の名で仏教に取り込まれ、仏教世界の下級鬼神となったことは、これまで見てきたとおりである。それら下級鬼神としての夜叉は、漢訳仏典で「能噉鬼《のうたんき》」「傷者」「捷疾鬼《しょうしつき》」「勇健」等と意訳されることもある。唐の玄応《げんのう》の『一切経音義《いっさいぎょうおんぎ》』(『玄応音義』)巻三には、「夜叉は正しくは薬叉という。意訳は能噉鬼または傷者で、よく人を傷害するのである」とあり、人間を食べる悪鬼と説明される。また慧琳《えりん》の『一切経音義』(『慧琳音義』)巻二十七では、「夜叉薬叉のなかで、勇健というのは飛行する者を指す。また地上で活動する者や羅刹婆《らせつば》も含める」といい、夜叉のなかには空を飛ぶ者もいること、羅刹婆(羅刹)も夜叉に含まれることを述べている。毘沙門天に駆逐される半鳥半人の悪鬼は、この類に当たるのであろう。鬼子母神の食に供するため、世間から子供たちを拉致してくる手下としても、まことにふさわしい存在といえよう。

また『大智度論』第十二では、夜叉に三種あるとする。「地行《ちぎょう》」つまり地上にいる者、「虚空」つまり空中にいる者、「宮殿飛行」つまり宮殿とともに天空を飛行して輝く流星や隕石のごとき者の三種である。『注維摩経《ちゅうゆいまきょう》』第一でも、鳩摩羅什《くまらじゅう》の説として「地行」「虚空」「天夜叉」の三種の夜叉を挙げており、『順正理論』第三十一では、「鬼《き》とは薬叉および邏刹婆《らせつば》・恭畔荼《くばだ》などのことをいう。享受する富楽は諸天と同じで、居住する所は樹林や霊廟であったり、山谷や虚空であったりする」という。

先に第四章で紹介した『正法念処経』では、流星を意味する「憂流迦（ウルカー ulkā）」に「天狗」の語を当てて注記していた。「憂流迦」すなわち「天狗」は、天空を飛行し地上に降下する夜叉であった。天狗は、ここで中国の半鳥半人の鬼神と結びつくのである。

一方、羅刹はインド神話に登場する悪霊ラークシャサが仏教に取り込まれたものである。「羅刹婆」あるいは「疾速鬼」とも呼ばれ、暴悪にして破壊や障害をなすことを常とする悪魔のことをいう。『慧琳音義』巻二十五に、「羅刹とは悪鬼のことである。人の血肉を食らい、空を飛び、地を行き、非常に素早く恐るべき存在である」とあり、同書巻七には「羅刹婆とは暴悪鬼の名である。男はきわめて醜く、女ははなはだ美しい。どちらも人間を食らう」とある。羅刹は人間を食糧とすることを最大の特徴とする悪鬼で、夜叉と同様に天空にも地上にも棲息するものとされている。密教の羅刹天は、羅刹が仏教に帰依し護法神と化したものである。

また羅刹には三階級あるともいわれる。まず夜叉と同列の鬼神の類、次に仏を信じぬ無信仰な敵、三つめは夜間に墓地などをさまよい、死体を起こしたり人間を食べたりする悪鬼であるという。不信心な者を含む点では、日本の天狗にも通じるところがあるといえる。

さらに『倶舎論《くしゃろん》』第十一に「琰魔王《えんまおう》は羅刹婆たちを使って人間を殴打し地獄に行かせる」、『大智度論』第十六に「地獄の悪羅刹獄卒は牛や馬の姿をしていて、罪人を嚙み砕いて食い散らかす」とある。琰魔王（閻魔王）の手下として、死後の人間を地獄に送致し、責めさいなむ役割を果たし、牛馬に似た姿をしている羅刹もいるようである。地獄絵によく描かれる牛頭や馬頭の獄卒がこれにあたる。鬼子母神の手下として活躍する図52の鬼神たちは、半裸で頭に小さな角が付いていた。こうした姿の鬼神は、地獄絵で罪人たちを苦しめる獄卒にもよく見かけるものである。

このように、仏教の下級鬼神である夜叉・羅刹には、地上で活動する地行タイプと、天空を飛行する能力を備えた飛行タイプの二種類があった。中国の仏教美術では、前者は半裸で頭に小角が付いた姿で描かれ、地獄の獄卒となる羅刹には牛頭・馬頭の者もいた。そして後者の飛行タイプについては、口が鳥の嘴状で背中に肉翅がある半人半鳥の姿をしているという解釈が行われていた、ということになろう。

産育神としての毘沙門天

『仏説鬼子母経』では、鬼子母神が改心して釈迦に帰依し、子供や出産の守護神となることを誓う。そのとき、他の鬼神王たちも賛同し、出産や人民の守護者となったとして、その名前を列挙している。そこには多くの鬼王たちとともに、毘沙門天の名も挙げられていた。鬼子母神の協力者として「人命を守る役割」、つまりここでは子供の命を守る役割を果たすことになっている。

　毘沙門天と鬼子母神が鬼神界の上司と部下の関係にあることはすでに述べたが、上司の毘沙門天が部下の鬼子母神の業務を補佐することが、経典に明記されているのである。つまり、毘沙門天には、鬼子母神と同様、産育神としての役割が期待されているわけである。北方の守護神としての守護力を、幼児や胎児の命を守ることにも発揮してほしいという、世間の親たちの願いの表れであろう。

図62　敦煌版画の毘沙門天

　毘沙門天と幼児との関係について語ったものとして、前述した『大唐西域記』の于闐国建国説話がある。王が自分に跡継ぎが生まれないことを悩んでいたときに毘沙門天像に祈ると、その像の額から赤子が生まれ出て、于闐国王の祖先となったという話である。毘沙門天には、「子授けの神」としての性格も期待されているということであろう。松本栄一氏は『敦煌画の研究』のなかで、毘沙門天の画像に幼児を伴うものがいくつかあることを指摘しているが、敦煌で発見された版画（図

62）もそのひとつである。毘沙門天の右後方に立つ鬼神が、右手を上げて裸の幼児を捧げ持っている。

毘沙門天像が幼児を伴う理由について、松本栄一氏は于闐国建国説話だけでなく、『金光明最勝王経《こんこうみょうさいしょうおうきょう》』等の経典に、毘沙門天自身が幼児に変身して人々を救いに現れると記されており、幼児は毘沙門天自身とも解釈できると指摘する。さらに、毘沙門天には数人の太子がおり、『毘沙門天王経』等では毘沙門天に代わって人々を救いに現れるとあるので、幼児はその太子と解釈することも可能であると指摘している。いずれにせよ、毘沙門天像に幼児像を添えることは習わしになっていたようである。

このように毘沙門天に産育神としての性格が読み取れるのであれば、彼によって撃退される半鳥半人の鬼神についても、そうした角度からの解釈が可能であろう。つまり、鬼子母神の手下の場合と同様に、それらの鬼神の形象には、高い空から音もなく舞い降りて、大切なわが子をさらっていく猛禽類のイメージが託されていると考えられるのである。

3 カルラのイメージ

不死鳥カルラ

さて、中国の仏教美術において、下級の夜叉・羅刹のなかで空を飛ぶ者たちは半鳥半人の鬼神の姿をとることが明らかとなった。ここで、こうした鬼神像の発生にカルラという神が大きな影響を与えたことを説明しておく必要があるだろう。

日本の烏天狗の形態がカルラの影響を受けているということについては、古くは南方熊楠《みなかたくまぐす》が大正四年に書いた「天狗の情郎」(『続南方随筆』)のなかで指摘し、それ以来、多くの天狗論において継承されている。ただし、なぜカルラ形が天狗の図像に採用されたのかという理由については、これまでまったく議論がなされてこなかった。筆者はそこに中国古来の鬼神解釈や、中国仏教の鬼神解釈、つまりは中国内部における動きが深く絡んでいると考えている。以下、そのことを図像学的に説明しておきたい。

カルラは、もともとインド神話に登場する巨鳥にして鳥類の王ガルダ（Garuḍa）であり、ヴィシュヌ神が天空を行くときの乗り物として活躍する。ガルダはのちに仏教に取り込まれ、漢訳仏典では「迦楼羅《かるら》」「迦魯羅《かろら》」「掲路荼《けいろだ》」「蘖嚕荼《げつろだ》」などと記される。その姿は半鳥半人で、頭と嘴、翼と爪は鷲であり、全身が金色に輝いているので「金翅鳥《こんじちょう》」という呼び名もある。また、顔の色が白いので「面白《めんはく》」、翼の色が炎のように赤いので「赤翅《せきし》」の異名もある。

インド神話によると、ガルダは生まれたとき身体から強い光を放っていた。アグニ（火神）ではないかと諸神は疑ったが、ガルダであることを知ると、「火」や「太陽」と呼んで称賛したという。インドのガルダ信仰の背景には、古代エジプトの太陽神やゾロアスター教のアフラマズダといった神々にも共通する太陽神信仰が認められる。また、中国の鳳凰や西欧のフェニックスなど、世界各地に見られる伝説の不死鳥とも共通の起源を持つものと考えられている。

仏教では、カルラは釈迦の眷属「八部衆」のひとりに数えられている。八部衆とは、古代インドで信仰されていた民間諸神のなかで、釈迦の説法を聞いて仏法に帰依し、仏教の守護神となった八人の神である。そのメンバーは『法華経』第二比喩品《ひゆぼん》によれば、まずは「迦楼羅」、そしてバラモン教の神が仏教の守護神化した「天」、コブラを神格化した「龍」、樹木や森林の聖霊とされる「夜叉」、医薬神であり幼児を悪鬼から守る「乾闥婆《けんだっぱ》」、天界における戦争の神である「阿修羅」、歌や踊りの神で人身馬頭の「緊那羅《きんなら》」、大蛇の神である「摩睺羅伽《まごらか》」である。

龍蛇の天敵

インドのガルダ像は、しばしば蛇を手に握っていたり、嘴にくわえていたりする。人間が恐れ嫌う蛇を猛禽類が食糧としていることによるものであろう。ガルダ（Garuḍa）の名は「飲み込む」意味のグル（gṛ）を語源としており、「悪龍を飲み込む」という神性の説明となっている。ガルダとは、毒蛇の害から人々を守る聖なる鳥神ということになろう。

ガルダが蛇や龍の敵対者となった理由について、古代インドの叙事詩『マハーバーラタ』では、おおむね次のように説明する。

ガルダの母ヴィナターは、ナーガ（龍蛇）の母カドルーと賭けをした。しかし、ヴィナターはナーガ族の不正により賭けに負けてしまい、ナーガ族の奴隷とされ、苦しめられていた。ガルダはそれを知って怒り、復讐を誓う。そしてナーガ族と交渉し、神が持つ不死の霊薬アムリタ（甘露）を取ってくる代わりに、母を解放するよう要求する。

ガルダは数々の困難を乗り越えてアムリタを手に入れる。するとヴィシュヌが現れて、アムリタを返すよう説得する。ガルダは、ヴィシュヌの乗り物となることを条件に、不死の力とヴィシュヌ以上の高い地位を与えるという約束をとりつける。

インドラ（帝釈天）も現れて、アムリタを返せば蛇を食べる力を与えるという。ガルダはインドラを背に隠してナーガ族のもとに行き、アムリタを渡して母を解放してもらう。そしてナーガたちに対して、アムリタを飲む前に沐浴をするように勧める。ナーガたちがその場を離れたすきに、インドラがアムリタを奪い去る。

ナーガたちは、草むらにこぼれていたアムリタの残りを舐め、不老不死となったが、鋭い草によって舌先が二つに分かれてしまった。ガルダは神々に対して、ナーガを常食とすることの許可を求める。ガルダの願いは受け入れられ、それ以後、龍や蛇を常食とするようになり、龍の天敵となったのである。

ガンダーラのカルラ

さて、中国の仏教美術では、鬼子母神の手下の鬼神たちが子供をさらう悪神として半鳥半人の姿をとること、半鳥半人化の理由は、子供をさらう猛禽類のイメージの影響であることは、すでに説明した。それに関連して、鬼神たちの半鳥半人化の問題に重要な示唆を与えてくれるものとして、ガンダーラ彫刻における「龍女ナーギーをさらうカルラ」の場面を挙げておきたい。

これは、ガルダが蛇をさらって天に昇るインド神話をもとにしたもので、図63がその一例である。カルラの身体は猛禽類で、両足で龍女の腰をつかんでいる。顔は人間だが、口が鳥の嘴になっており、蛇をくわえている。他の作例では、上半身が人間で、背中に鳥の翼をつけ、頭にはターバンを巻いているものもある。宮治昭氏の「八部衆の源流」（伊東史朗『八部衆・二十八部衆』）によれば、ガンダーラ地方がギリシア文化の影響下にあったゆえに、「ガルダが蛇を天へさらう」インド神話と、「ゼウスが鷲に変身して美少年ガニュメデスを天へとさらう」ギリシア神話が混交して彫刻化されるに至ったという。

「龍女ナーギーをさらうカルラ」の彫刻は、ガンダーラ地方ではたいへん好まれたようで、多くの作例が残っている。ガンダーラのカルラ像は、多くは人頭に鳥の嘴がついたものであり、中国西域のキジル千仏洞第二二四窟の仏説《ぶっせつ》法図《ぼうず》にも同様のカルラが描かれている。宮治氏によれば、中央アジアや中国、ひいては日本のカルラ像の源流がガンダーラにあるという。

図63　ナーギーをさらうカルラ

　ゼウスがガニュメデスをさらうギリシア神話の物語は、ホメロスの『イーリアス』、オウィディウスの

『変身物語』、ウェリギウスの『アエネーイス』などのギリシア・ローマの古代詩に出てくる。

トロイア王家の祖トロスには、ガニュメデスという絶世の美貌を持つ息子がいて、好色な神ゼウスはその少年に一目惚れしてしまった。天上の祝宴での酌夫《しゃくふ》、つまり酒杯に酒を注ぐ侍童にしようと考えたゼウスは、自ら変身して鷲となり、地上に舞い降りてガニュメデスをさらっていった。その埋め合わせであろうか、残された父トロスのもとには、のちにゼウスから不死の馬などが届けられた。酒壺を持ったガニュメデスは、ゼウスによって天空の水瓶座《みずがめざ》に姿を変えられて、永遠の命を獲得した。彼をさらった鷲も鷲座となって、水瓶座の近くにいるのである。

鷲にさらわれるガニュメデスの彫刻は、紀元前からギリシアやローマで盛んに作られており（図64）、西欧ではたいへん有名な主題である。ルネッサンス以後においても、コレッジオやルーベンス、レンブラントなどによる作品が残されている（図65）。

このように、ガンダーラやギリシア・ローマで継承されていた「少年や龍女をさらう猛禽類の神々」のイメージは、半島半人のカルラ像を生み出し、中央アジアを経由して中国に伝播した。その姿は幼児をさらう鬼子母神の手下の鬼神や、産育神としての毘沙門天に撃退される鬼神の姿にふさわしいものと受けとめられ、中国の仏教世界における鬼神の半鳥半人化を促したのではないかと

▶図64　鷲にさらわれるガニュメデス（前四世紀、ローマ）
▼図65　レンブラント「ガニュメデスの誘拐」

考えられる。

インド神話では、ガルダの身体的特徴のひとつとして、身体が金色であることのほかに、翼が炎のように赤いことを挙げ、漢訳仏典でもカルラは「金翅鳥」以外に「赤翅」の異名を持つことは、先に触れたとおりである。毘沙門天に撃退される半鳥半人の鬼神の肉翅が、図57や図59ではオレンジ色や赤色であったのも、おそらくカルラのイメージの影響であろうと思われる。

カルラと雷神

中国の雷神が唐代以降、しだいに半鳥半人化していくことはすでに述べた。また、中国では漢代以前から、天界の鬼神のなかに半鳥半人の姿をしたものがいることにも触れたが、後世あまたいる天界の鬼神のなかで、仏教の飛行夜叉・飛行羅刹以外に半鳥半人の姿で表されるのは、実は雷神だけなのである。では何ゆえに、雷神だけが半鳥半人の姿をすることになったのか。この点については、やはりカルラの影響であることを述べておく必要があるだろう。なぜならば、カルラは龍の天敵であるだけでなく、雷神の性格をも備えているからである。

菩提流志《ぼだいるし》が漢訳したといわれる『金剛光焰止風雨陀羅尼経《こんごうこうえんしふううだらにきょう》』（『止風雨経』）は、唐代の八世紀には中国で流布していた。その内容は次のようなものである。

釈迦がマガダ国で暴風雨にあったとき、弟子の阿難のために止雨・止風・止雷雹《らいはく》および、毒蛇などの害を除去する方法を語った。釈迦の言葉に続いて、巨大な蘖嚕荼（カルラ）が現れ、一切の暴風雨・雷・雹《ひょう》・霹靂の害、毒蛇悪獣の害を除き、草木・苗・果実の成長を促すための真言《しんごん》を阿難に教えた。

仏教にはこの経典を典拠とする迦楼羅法という修法がある。カルラを本尊とし、病気を除去し、風雨を止め、悪雷を避けるために行うものである。日本の『覚禅鈔《かくぜんしょう》』では、『止風雨経』のカルラ像として、花冠をつけ、嘴があり、右手に九頭の龍、左手に三頭の龍を握って結跏趺坐《けっかふざ》する図（図66）を載せている。

図66 『覚禅抄』の迦楼羅像

カルラは龍蛇を退治する能力を持つゆえに、龍蛇のもたらす害、つまり毒や風雨・雷・雹・霹靂（稲妻）といった天災も制御しうるということである。その性格は、龍蛇の統括者でもある雷神の性格と重なってくる。先に見た図45の北宋の「洛神賦全図」（一七三頁）の屏翳は、半鳥半人で手に蛇を持っていた。また『捜神後記』に載る「蛇を殺す雷公」(一六二頁)や、『広異記』の「蛇を追い回す雷公」(一六三頁)の姿ともつながってくる。

雷神の性格を持つカルラのイメージが、唐代以降、仏教美術の有翼の飛行夜叉・羅刹の姿を介して、半鳥半人の雷神像の形成に影響を与えたであろうことは想像に難くない。雷神の半鳥半人化にカルラの影響を認める点では、最近、京極健史氏が「中国における雷神像の変容」(『饕餮』第一三号)において、やはり筆者とほぼ同様の結論に達している。

カルラから天狗へ――有翼鬼神図像の系譜

ここまで見てきたように、半鳥半人の鬼神像は中国美術のなかで長い歴史を刻んできた。戦国時代から漢代にかけて、神仙世界には半鳥半人の姿をした仙人や鬼神たちが跋扈していると人々は想像していた。そうした下地があったがゆえに、南北朝期に中国で勃興した仏教においても、飛行する下級の夜叉・羅刹を半鳥半人化することが自然に行われたであろうと思われる。また、古代社会に頻発していた猛禽類による幼児さらいのイメージを基盤として、鬼子母神や毘沙門天という産育神の周囲に半鳥半人の鬼神を配することにもなった。同時に、そこにはカルラという、龍の天敵であり雷神としての性格も備えた仏教神の影響も見て取ることができるだろう。

巨視的な視点からいえば、ここには人間が鳥類に抱く羨望と嫉妬、憧れと嫌悪というアンビバレントな感情の反映があるといえる。飛行機やロケットのなかった時代、人間にとっての究極の異界は「天空」だった。水中や地下ならば、何とかもぐることは可能である。だが、重力がある以上、それに逆らって自由に空を飛行することは、翼のない人間には不可能であった。人間が天に近づく唯一の方法は「山登り」だが、それは飛行の「切ない疑似体験」であるともいえる。やっとの思いで山頂にたどり着いたときの達成感には得難いものがあるが、目の前を鳥が悠々とかすめ飛ぶのを見ると、何ともいえぬ虚しさを覚えるものだ。

人間が鳥に抱く憧れと嫉妬というアンビバレントな感情は、古代の図像にも表現されている。古代中国の仙人は、不老不死であるだけでなく、背中に羽があって自由に空を飛ぶこともできると考えられていた。不老不死と飛行、人間に不可能な二つの能力をともに備えた者、それが仙人だったのである。一方、同じ姿をした鳥人を奇妙な怪物としてとらえることもあった。それが、『山海経』の羽民であり、失墜した雷神であり、仏教の下級鬼神であった。これらの半鳥半人の図像群からは、人間の鳥に対する複雑な感情の反映が見て取れるのである。

人類が鳥類に抱く「負のイメージ」は、世界的なものである。それはギリシア神話の「ガニュメデスをさらうゼウス」、ガンダーラ彫刻の「龍女ナーギーをさらうカルラ」、中国の仏画の「幼児をさらう鬼子母神の手下」などに通底するものである。それは仏敵としての天狗や、「天狗さらい」「天狗隠し」といった日本の天狗イメージにも継承されているのである。また、ときとして「正のイメージ」も浮上して、カルラなどの善神や、鞍馬天狗などのヒーローを生み出すことにもなる。科学実験でいうならば、中国は試験管であろう。そのなかにさまざまな材料、つまり中国在来の鬼神や羽人、仏教の鬼子母神や毘沙門天、インドのガルダ、ギリシアのゼウスなどを入れてかき混ぜた結果、飛行夜叉や飛行羅刹といった仏教鬼神のイメージや、半鳥半人の雷神像が生成されていったのである。本書をここまでお読みいただいた方々には、日本の天狗の図像的な淵源が、中国で展開した有翼の鬼神像のなかにあることは、十分ご理解いただけたことと思う。

ただし、そうした中国鬼神の図像が、日本に実際にもたらされ、日本の天狗像に直接の影響を与えたという確たる証拠を挙げなければ、論証は不十分とのそしりは免れないであろう。ここで、半鳥半人の中国鬼神の日本への伝来を裏付ける動かぬ証拠を提示しておきたい。それは意外にも、アメリカのボストンに存在する。

4　日本に飛来した有翼鬼神

五百羅漢図の有翼鬼神

図67は中国で制作された五百羅漢図の一幅である。険しい岩山を登っていたのであろう、画面の下方にいる五人の羅漢たちは岩に腰を下ろして休憩している。だが、その姿には緊張感がただよい、なにやら一様に不安な面持ちで上空を見上げている。彼らの視線の先には、突然起こった不思議な出来事が描き込まれている。

画面をほぼ垂直に二分する切り立った岩山、不気味な形で沸き上がる白雲、その横を流れ落ちる滝。岩山を横切る三筋の疾風に乗って、三人の半鳥半人の鬼神が飛行している。三人はみな宝篋《ほうきょう》印塔《いんとう》とも呼ばれる宝塔を捧げ持っている。この宝塔は、古代インドのアショカ王が八万四千もの仏塔を建てた故事にならい、五代のころ杭州に都した呉越《ごえつ》国の王銭弘俶《せんこうしゅく》が、九五五年に金銅の小塔

◀図67　南宋・周季常「五百羅漢図」

八万四千を造り、なかに『宝篋印心呪経《ほうきょういんしんじゅきょう》』を納めて全国に配付した小塔である。

三人の鬼神は二種類に分類される。最上部の鬼神（図68）は上半身が頭も含めて鳥で、翼とは別に腕があって宝塔を捧げ持っている。下半身は人間で、腰に赤い褌をしめているが、足指は鳥の爪状になっている。一方、その下の左右にいる二人（図69、70）は、背中に蝙蝠のような肉翅、頭に白い角が二本ある以外は人間と同じで、腰にはやはり赤い褌をしめている。

彼らは、これまで繰り返し見てきた仏教の下級鬼神である飛行夜叉や飛行羅刹にほかならない。

図68・69・70　「五百羅漢図」の有翼鬼神

鳥の特徴がはっきりした羽翼のあるものと、より人間に近い蝙蝠人間タイプ（バットマン・タイプ）とに分けられている。これが獣性の寡多によるランクの違いの表現であるとすれば、蝙蝠人間タイプの方がより上位の鬼神ということになろうか。日本の『天狗草紙』などでも、天狗が二タイプに分けられており、頭から翼まで鳥の姿に近いものが下位、より人間の度合いの強いものが上位と位置づけがなされているように見受けられるが、それと発想を同じくするものといえるだろう。さらに図68の鬼神の姿は、『天狗草紙』の「天狗の偽来迎」の場面で僧侶を誘拐する天狗（図71）の姿と瓜二つなのである。

この五百羅漢図は、全部で百幅もある大作の一部である。一幅に五人ずつ羅漢を配し、百幅で五百人を描ききる構成となっている。浙江省寧波《ニンポー》の僧義紹《ぎしょう》が記した款記《かんき》によると、南宋の画家周季常《しゅうきじょう》と林庭珪《りんていけい》が淳熙《じゅんき》五年（一一七八）から淳熙十一年（一一八四）ごろ、寧波の恵安院《えあんいん》のために描いたものであることがわかる。周季常と林庭珪は十二世紀後半に寧波で活躍した職業画家で、これが唯一の伝存作品である。

五百羅漢図の制作は中国仏教界独特の動きであり、インドや中央アジアにはほとんど作例を見いだせない。このテーマが中国人の嗜好に合っていたのか、中国国内でさまざまな想像力を投入して描き継がれてきたものである。この五百羅漢図には周季常の「天台石橋図《しゃっきょう》」が含まれているので、天台山の方広寺《ほうこうじ》に示現するという伝説を持つ「天台石橋の五百羅漢」を描いたものといわれている。ただし、百幅すべてが天台山関係というわけではなく、仏教史上の重要な事跡をテーマとしたものも数多く含まれる。図67は、おそらくアショカ王の故事を下敷きに、八万四千の宝塔を仏教の流布のために世界中に配布している下級鬼神たちを、天台山の羅漢たちが驚いて見上げているという場面設定であろうと想像される。

これは一作例にすぎないが、当時の中国の仏画には、こうした天界の有翼鬼神たちが他にも数多く描かれていたであろうことが十分に想像される。また、それが天台山の上空を飛ぶものとして絵画化されていることは、日本天狗の発生にも強い影響を与えたのではないかと考えられる。

図71 『天狗草紙』の天狗（図17の拡大図）

いずれにせよ、その制作時期は十二世紀後半であり、日本で『天狗草紙』などの天狗絵が制作され始める時期よりも百年ほどさかのぼる。まさに日本の天狗の直接的先祖が中国の仏画にあることを示すものといえるだろう。しかも、この百幅の五百羅漢図は、制作されてほどなく、十三世紀中に日本にもたらされているのである。

海を渡った五百羅漢図

アーネスト・フェノロサ（一八五三〜一九〇八）といえば、明治初期の日本美術界で指導的な役割を果たした人物で、岡倉天心とともに奈良の法隆寺で夢殿《ゆめどの》観音を見いだしたことで名高い。彼はアメリカに帰国後、一八九〇年にボストン美術館の日本部長となり、退職する九四年まで四年間にわたって、アメリカ国内を巡回する日本美術展を開催している。展示作品はボストン美術館の日本美術コレクションが中心であったが、一部に日本から借り受けた作品も含まれていた。

一八九四年に開催された最後の美術展で目玉となったのが、この五百羅漢図であった。この図は、当時京都の大徳寺が所蔵していたもので、美術展終了後に、大徳寺はそのうちの十点をボストン美術館に売却している。明治初期、大徳寺はたいへんに荒れ果てていた。改修の工事費を売却益で捻出したのである。また、随行する僧侶たちの渡航費用をまかなう必要にも迫られ、さらに二点を著名なコレクターであるチャールズ・フリアに売却しており、現在、ワシントンのフリア・ギャラリーの所蔵となっている。

東京美術学校出身で岡倉天心の弟子である富田幸次郎（一八九〇〜一九七六）は、一九三一年から六二年までボストン美術館のアジア美術部長を務めた。富田は自著『波士敦《ボストン》美術館所蔵支那画帖—自漢至宋』（*Portfolio of Chinese Paintings in the Museum—Han to Sung Periods*, Harvard University Press, 1933）において、この五百羅漢図について解説を加えており、それと大徳寺の『龍山宝志』等の史料を合わせると、この作品の来歴は、次のようなものとなる。

この五百羅漢図は、まず、中国を訪れた日本僧によって十三世紀に百幅のセットで日本にもたらされた。最初は鎌倉の寿福寺《じゅふくじ》に置かれ、のちに北条氏の菩提寺である箱根の草雲寺《そううんじ》に移された。当時はこうした五百羅漢図が盛んに中国から請来されていたようで、同じく鎌倉の円覚寺《えんかくじ》にも同様の作品が伝来している。画僧として名高い明兆《みんちょう》は、それらを参考にして一三八六年に自らも五百羅漢図を制作し、それは京都の東福寺《とうふくじ》に伝えられている。中国伝来の五百羅漢図は、当初から日本でも有名な存在となっていたのであろう。周季常と林庭珪の描いた百幅は、一五九〇年に豊臣秀吉が京都に持ち帰り、豊国寺《ほうこくじ》に寄進している。大徳寺の所蔵となったのは江戸時代のことである。そのうちの四十四幅が一八九四年のアメリカ巡回展のために海を渡り、売却された十二幅以外は日本に戻って、いまも大徳寺にある。

発信地は寧波

平安時代中期、八九四年に遣唐使が廃止されて以来、日中間の国家レベルの交流は長く途絶えていた。その間、中国文化を日本にもたらす役割を担ったのは仏教僧たちであった。とくに天台宗の僧たちは、当時たびたび日本に渡来していた中国の商船に乗って積極的に彼の地に渡り、天台教学を学ぶだけでなく、中国仏教の新しい流れである禅宗を日本に移入している。臨済宗《りんざいしゅう》の栄西《えいさい》（一

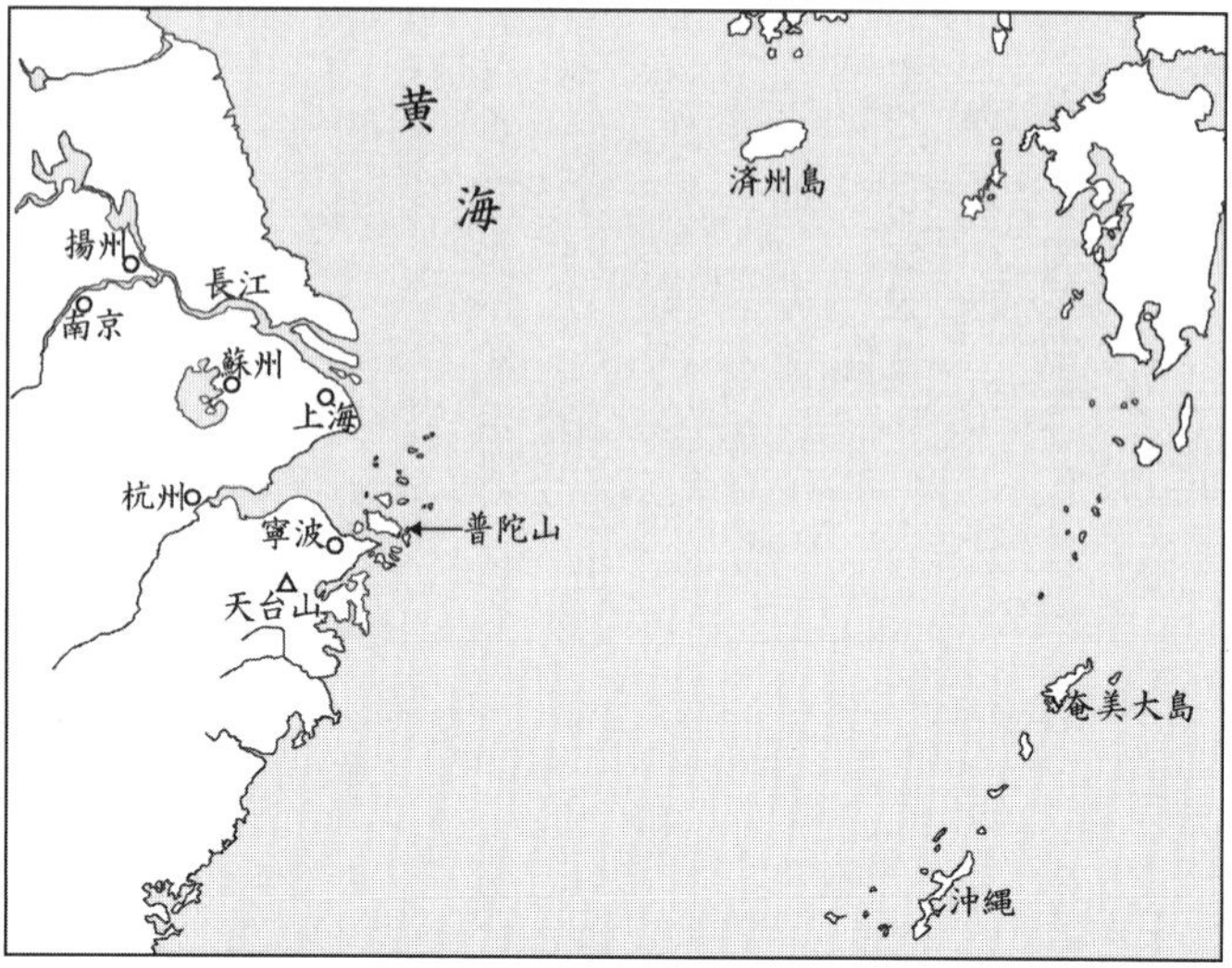

図72　江南地方と日本

一四一～一二一五）や曹洞宗《そうとうしゅう》の道元《どうげん》（一二〇〇～一二五三）なども、もともとは比叡山の天台僧なのである。彼ら留学僧は、仏教のみならず文学や美術など先進的な中国文化の粋にひたり、仏画や山水画をはじめ、数多くの美術品・工芸品を日本に持ち帰った。そのほとんどは失われてしまい、周季常の五百羅漢図はいまも残る数少ない作品のひとつである。

この五百羅漢図が寧波で描かれたものであることは前に述べた。最近の井出誠之輔氏の研究（『日本の宋元仏画』）によると、寧波という港町は、日本の中世期の仏教や美術に多大な影響を与えた場所であるという。

寧波（図72）は別名を明州《めいしゅう》あるいは慶元府《けいげんふ》といい、唐代以来、外国との貿易港として栄えてきた。歴代の中国王朝は、貿易の重要拠点に、対外関係の諸事務を一括管理する「市舶司《しはくし》」という役所を置いており、寧波もそうした拠点港のひとつであった。とくに対日・対朝鮮貿易の窓口的な役割を担っており、多くの商船がここを母港として日中・日朝間を往復していた。日本の仏教僧、栄西・俊芿《しゅんじょう》・道元なども、そうした商船に便乗して渡航していたのである。

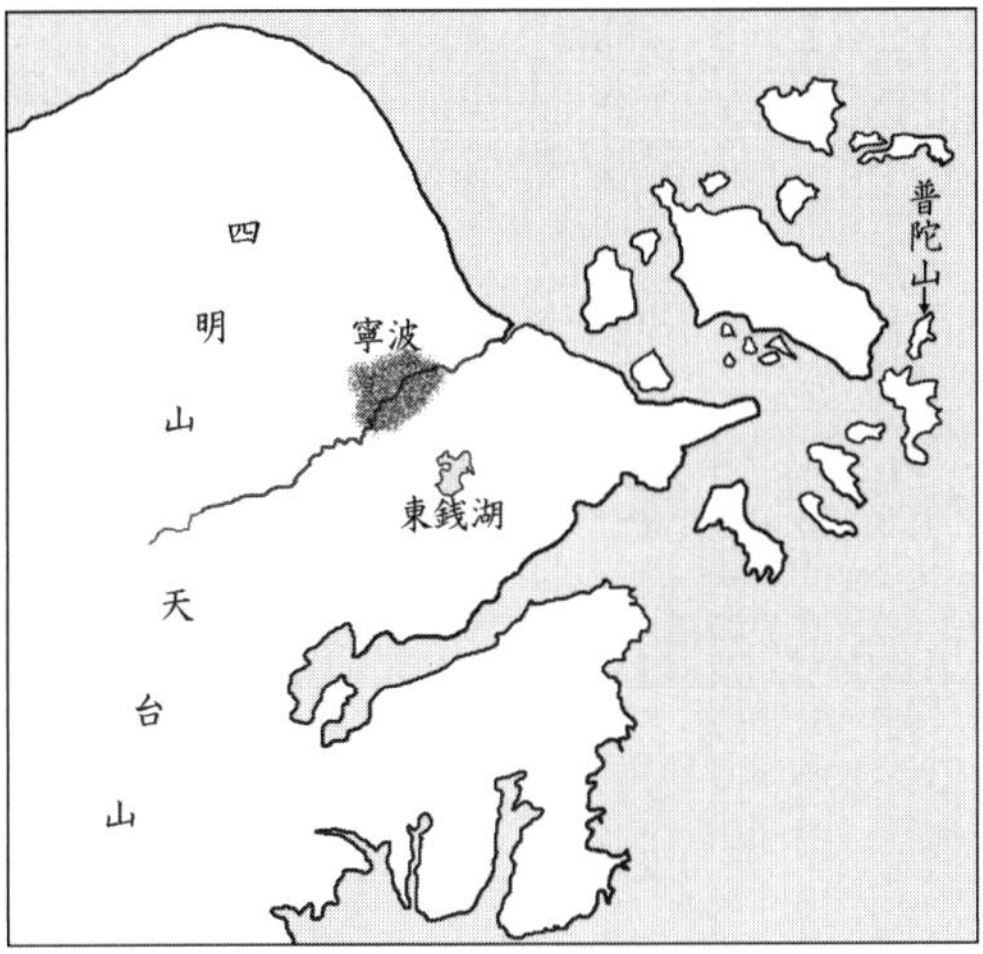

図73　寧波周辺図

日本僧たちが寧波を目指したのは、そこが単に貿易の重要拠点として交通の便が良かったからというだけではない。宋・元から明代にかけては、天台宗や禅宗の大寺院が林立して、多くの名僧を輩出し、杭州《こうしゅう》とともに仏教文化の中心地として栄えていたからでもある。城内には、宋代の天台教学の拠点となっていた延慶寺《えんけいじ》や開元寺《かいげんじ》、郊外には禅宗の五山に数えられていた天童寺《てんどうじ》や阿育王寺《あいくおうじ》などがあり、東銭湖《とうせんこ》（図73）の周囲には五百羅漢図が置かれていた恵安院や月波寺《げっぱじ》・尊教院《そんきょういん》などの天台宗寺院が点在していた。天台宗の聖地・天台山や、観音信仰で有名な普陀山《ふださん》もほど近く、日本の仏教僧の留学拠点としてこれ以上の好適地はないといってよかった。

寧波を起点とした日中交流には、中国側の事情も絡んでいたことが最近指摘されてきている（塚本麿充「『海外書』小論」）。正倉院宝物の例でもわかるように、遣隋使・遣唐使によって、日本には数多くの中国文物がもたらされた。海に隔てられた安定的社会ゆえに、日本ではそれらの多くがきわめて良い状態で保存されている。一方、中国は激しい動乱の連続で、貴重な文化財の多くが消失してしまっていた。五代以降、南唐の李璟《りけい》・李煜《りいく》、呉越国の銭弘俶、北宋の徽宗のように文化政策に力を入れる皇帝がしばしば現れ、自国の文化遺物の収集が国家事業化するなかで、中国文物収蔵庫のような存在であった日本が注目されるようになった。寧波や杭州の貿易商にとっては、国家的な需要を背景に、すでに失われてしまった貴重な中国の書籍や美術作品を日本に渡って調達することは、大きな利益を生み出すビジネス・チャンスでもあった。また、日本の留学僧にとっても、手土産としての中国文化財は、現地での優遇を得るための切り札として利用できたのである。呉越の銭弘俶は日本に黄金五百両を送って仏典を求め、日本側は比叡山の天台座主延昌《えんしょう》が天暦七年（九五三）に日延《にちえん》を派遣して経疏《きょうしょ》を届けさせている。奝然《ちょうねん》・寂照《じゃくしょう》・成尋《じょうじん》・戒覚《かいかく》などの日本僧が仏典や中国の歴史書を北宋に献上していることなどもその例である。日本との文化的経済的交渉が、五代・北宋・南宋の国策とも合致し、貿易が効率のよい金儲けの手段となっていたがゆえに、寧波の商人たちの日本との往来が促進され、日本僧が商船に便乗する機会も増えていたのである。

日中仏教のネットワーク

第四章では、『往生要集』を書いた源信の浄土教研究が、日本天狗の発生に大きく寄与していたことを述べた。その源信は、中国への渡航経験こそなかったが、寧波と深い関わりを持つ人物であった。彼は寛和二年（九八六）に自著『往生要集』、師の良源の『観音讃《かんのんさん》』、慶滋保胤の『日本往生極楽記』等を、中国人僧周文徳《しゅうぶんとく》に託して天台山に届けさせている。それ以来、源信は中国の商人や日本の留学僧を通して、中国仏教界と交流を保ち続けていた。長保五年（一〇〇三）には、弟子の寂照に天台教学に関する質疑『天台宗疑問二十七条』と『往生要集』を託し、当時の中国で天台教学の総師と目されていた知礼《ちれい》（九六〇～一〇二八）のもとに届けさせている。

日本の天台宗には、学問上の疑問点の答えを本家の中国天台宗に仰ぐという伝統があった。知礼は「四明尊者《しめいそんじゃ》」（四明は寧波の別名）の異名を持つ高僧で、先述した寧波の延慶寺に住持し、宋における浄土信仰の発展に大きな功績を残している。源信の質問状を寧波に届ける役目を担った寂照も、のちに天台山や五台山を巡礼し、能『石橋《しゃっきょう》』の主人公となった有名な僧侶である。当時の中国天台宗は、思想的な違いから山家派《さんげは》と山外派《さんがいは》に分かれて論争を続けていた。知礼は、天台山の正統を継ぐ山家派の代表として、源信の質疑を受けて詳細な回答を書き、日本に返信している。

知礼が住持した延慶寺は、寧波における天台宗の大寺院である。中国仏教界においても、杭州の上天竺寺《じょうてんじくじ》と中国五山の第一を争うほどの権威を持ち、中国天台教学の中心地であった。知礼は学問研究に励むだけでなく、一万人を越える会員を擁する念仏結社を組織して、宗教者として一般社会と深く関わる試みを進めていた。知礼の積極的な活動の影響から、寧波は庶民を対象とした大々的な宗教活動の地としての伝統を築いていったようである。

五百羅漢図が置かれていた恵安院近くの月波寺や尊教院は、浙江地域最大の水陸会（水陸斎）の道場として有名であった。水陸会とは、大々的な施餓鬼を行って亡霊や先祖の霊たちを救済・成仏させる儀式であり、多くの庶民からの莫大な寄進によって運営されていた。道場には多数の仏・菩薩・諸神が勧請《かんじょう》され、それらの神像を描いた「水陸画」が掛けられていた。先に図51で紹介した鬼子母神像（一八一頁）も、そのような「水陸画」の一例である。この図は北宋時代の「水陸斎儀神像図」石刻の拓本で、諸鬼神の代表として勧請された鬼子母神とその手下の飛行夜叉（羅刹）が描かれている。

水陸会が盛んであれば、水陸画の需要も相当発生していたはずであり、仏画を制作する画師たちが腕を発揮する重要な画題となっていたと想像される。寧波は仏寺が多く、仏画の生産もきわめて盛んな地であり、有名な画師を数多く輩出している。いまも残る宋・元絵画には、普悦《ふえつ》・金処士《きんしょし》・張思訓《ちょうしくん》・陸信忠《りくしんちゅう》などの有名どころをはじめとして、寧波で活躍した画師たちの落款がしばしば見いだされている。当時の状況としては、仏寺で目にする仏画には、有翼の下級鬼神たちの姿がしばしば描き込まれており、寧波の庶民や日本からの留学僧たちにも親しまれていたのではないだろうか。その一端が、現在ボストンにある五百羅漢図として残っているのである。敢えて大胆な言い方をするならば、日本の初期の天狗の姿は、宋・元時代に寧波地区で制作されていた仏画の「天台宗系飛行夜叉・羅刹像」が、留学僧によって移入されたものと考えられるのである。

また、第一章で述べたように、中国の民間信仰における天狗は、天から降りてきて人間の子供を食べたり病気にしたりする黒犬姿の悪神であった。その性格は、鬼子母神の食に供するために子供たちをさらっていた有翼鬼神たちと共通する。想像をたくましくするならば、日本からの留学僧たちは、寧波や天台山などで、仏画のなかの有翼鬼神たちについて「天狗のような者」という説明を受けたり、その類似に気づいたりしていた可能性もあろう。それが、悪神の名称「天狗」を有翼鬼神に当てはめる要因のひとつになっていたのかもしれない。

5　飛来するものたちへの視線

彼方からの衝撃

アメリカのアリゾナ州の砂漠に「バリンジャー・クレイター」（別名メテオ・クレイター）と呼ばれる隕石孔がある（図74）。直径一・二キロ、深さ一七三メートルの巨大な窪みは、約五万年前に落ちた隕石の跡である。隕石の直径は五〇メートル、重さは三〇万トンで、その衝撃は二・五メガトンの原爆（広島型原爆の百五十倍）の威力に相当すると推定されている。

この窪みは、西部への入植者によって古くから知られており、当初は火山の噴火口と考えられていた。二十世紀の初頭、アメリカの鉱山技師ダニエル・バリンジャーが、隕石の衝突跡ではないかという仮説を提示した。だが、天文学の世界でそれが認定されるのには長い年月を要した。当時の天文学者たちの一般的な考え方として、隕石は大気圏でほとんど燃え尽きてしまうので、大きな穴をあける巨大なものなど落ちてくるはずがないとされていたからである。

　一九六三年、アメリカの地質学者ユージーン・シューメイカーは、クレイターが原爆の実験跡地の形状と類似していることに気づき、それが衝撃によって形成されたものであることを立証する論文を発表した。これによって、最終的に隕石説が承認され、以来、改めて世界中でクレイター捜しが行われるようになった。現在、地球には百以上の衝突クレイターがあることが確認されている。

　一九九四年、シューメイカーは夜空に新たな彗星を発見した。「シューメイカー・レビー第九彗星」と名づけられたその天体は、ただの彗星ではなかった。そのまま飛行すれば木星に衝突することが明らかとなったのである。軌道計算からその事実を世界で最初に発表したのは、日本のアマチュア天文家中野《なかの》主一《しゅういち》であった。「巨大彗星の木星衝突」という予言はたいへんな話題となり、世界中の主要な望遠鏡が木星に向けられることとなった。彗星は木星の潮汐力によって二十一個に分裂し、一列になって飛行していた。

図74　バリンジャー・クレイター

それらは予測どおり、七月十六日から約一週間にわたって次々と木星表面に衝突し、大爆発を起こしていった。人類が初めて目撃する宇宙空間での物体衝突であり、小型望遠鏡でも観測できるほどの大規模なものであったため、派手な天体ショーとなった。だが、同時にそれは、人類が同じ現象で絶滅する可能性が立証された瞬間でもあったのである。世界中の人々は、この一件で自らの存在の危うさを実感し、そこはかとない不安をいだくようになる。一九九八年夏公開のアメリカ映画『ディープ・インパクト』、同年冬公開の『アルマゲドン』は、こうした時代状況から生み出されたものといえるだろう。

そもそも、天狗の正体は流星もしくは隕石であった。シューメイカー・レビー彗星の一連の騒動や映画は、文化史的な文脈からいえば「現代版天狗話」として位置づけることも可能である。科学的に原因が明らかにされた現代でも、その不気味さに人々の想像力がかきたてられ、多様な物語が紡ぎ出される。宇宙からの飛来物は、地球に物理的な衝撃と余波を与えるだけでなく、人間の心理にも複雑微妙な波紋を引き起こすのである。流星や隕石が原因不明の怪現象であった日本の古代や中世においては、そうした不安が天狗という妖怪に転化し、人々の想像力のなかでさまざまにうごめいていたのである。天狗は、日本文化という地平に開いたバリンジャー・クレイターであったといってもよい。

大陸からの風

近年、日本の天狗像成立についての研究は、一層の深化を遂げつつある。高橋秀榮氏や土屋貴裕氏の一連の論考（巻末参考文献参照）により、絵巻『天狗草紙』が『七天狗絵』という先行作品をもとに制作されたものであることが明らかとなりつつある。そして『七天狗絵』には遍融《へんゆう》という名の真言宗の僧侶が関わっていて、その図像表現には真言密教の教学の影響が見られること、天台や真言など諸宗融合の環境から生み出され、天台宗批判だけでなく当時の仏教界全体の問題点の提示と解決策の模索という視点があることなどが指摘されている。

こうした日本国内における天狗像の発生事情の解明は、やや頭打ち状態にあった天狗研究の状況を打ち破るものとして、たいへん意義のあることといえるだろう。ただ、こうした詳細化・複雑化志向のアプローチが、天狗生成の全体像を解明する方向に向かうかどうかは判断がつきかねるところである。バリンジャー・クレイターでいえば、表面遺物の詳細を明らかにする作業の成果に相当するもので、それが本来何によって撒き散らされたものであるのかという問題が、あまり問われていないという気が筆者にはするのである。日本国内だけの視点で問題を解決しようとする手法は、地表にばかり目を向け、クレイターの遺物を火山による生成物として解析しようとする陥穽に陥る危険を伴うのではないか。視線を空に向け、遥か天空の彼方から飛来したものが、どのように衝突し飛散したのかという視点が必要であり、その視点を持ち込めばすべてを統合的に解釈しうるのではないかと筆者は考えている。

第四章で述べたように、インドの密教や浄土教の経典が中国で漢訳される際、中国で流星現象を表す「天狗」という言葉が経典の注釈や本文に混入した。顕密の経典に天狗が現れてくる以上、真言宗をはじめ多様な仏教派閥や階層が天狗像の生成に絡んでくるのは当然のことなのではないか。

中国では仏画の鬼神たち、とくに飛行夜叉・飛行羅刹像が半鳥半人の姿で描かれていた。それは中国古来の有翼鬼神のイメージを基盤として、中央アジアを経由して中国に伝えられたカルラ像の影響のもとに生み出されたものであった。仏画を描いた画師たちは、仏画だけでなく道教諸神の画像制作など、多様な宗教需要に生業としてこたえていたはずである。当時すでに有翼化が進んでいた雷神像を描く際に、馴染みのある仏画の飛行夜叉像やカルラ像をあてることも、自然に行われるようになっていたであろう。かくして、中国雷神の半鳥半人化が起こるに至ったと考えられるのである。

半島半人の鬼神像は、このようにして仏教・道教の垣根を越えて広く中国の天界神に成長し、そのうちの仏教の飛行夜叉像が、天台宗の留学僧が持ち帰った寧波の仏画によって日本に流入した。一方、日本の浄土教や密教の仏教僧は、天狗を仏教の敵対者、もしくは善にも悪にも転じうる両義的な存在として把握し、腐敗した寺院権門や堕落した僧侶の表象として利用していった。日本におけるその後の天狗の発展は、仏教の敵対者という流れと、本来の流星に伴う怪現象の謎とが結びつくことによって醸成され、広く民衆の深層心理のなかで成長していったものであると考えられる。

また、天狗の鼻高についていえば、仏教の飛行夜叉は鳥と人間の中間的な存在であるがゆえに、鳥の上嘴にあたる鼻を長く描く例が中国の仏画においてすでに見られ（図56）、その認識は『天狗草紙』や『是害房絵』も共有するものとなっている。猿田彦や伎楽面との類似説は、日本的文脈における再解釈の過程で出てくるものであろう。

世界地図を広げるまでもなく、日本はアジア大陸の東の端、海上に浮かぶ小さな島々として存在する。雪が降ると物陰や隅っこに吹き溜まりができ、根雪が残る。こうした物理現象の法則は、文化現象にもあてはまるのではないだろうか。アジア大陸という大空間の片隅にも、大陸における古い文化が根雪のように残存しやすいのである。「東アジアの吹き溜まり」というと語弊があるだろうが、大陸への吹き返しという現象もあるわけで、こうした観点が日本文化の諸問題を解釈する上で有効な手段となると考えたい。大陸から吹きつける風、宇宙から飛来する小天体、この二つのベクトルが合成されたとき、日本の天狗は生まれ出たのである。

参考文献（主要な文献のみを章ごとに記す）

■天狗全般

井上円了『天狗論』国書刊行会、一九八三年
馬場あき子『鬼の研究』三一書房、一九七一年
知切光歳『天狗の研究』大陸書房、一九七五年
同前『天狗考』上巻、濤書房、一九七三年
同前『図聚　天狗列伝』岩政企画、一九七七年
小松和彦・内藤正敏『鬼がつくった国・日本―歴史を動かしてきた「闇」の力とは』光文社、一九八五年（光文社文庫、一九九一年）
小松和彦『悪霊論―異界からのメッセージ』青土社、一九八九年（ちくま学芸文庫、一九九七年）
同前『日本妖怪異聞録』小学館、一九九二年
倉本四郎『鬼の宇宙誌』講談社、一九九一年
小峯和明『説話の森―天狗・盗賊・異形の道化』大修館書店、一九九一年
大和岩雄『天狗と天皇』白水社、一九九七年
廣田律子『鬼の来た道―中国の仮面と踊り』玉川大学出版部、一九九七年
阿部泰郎「天狗―魔の精神史」『国文学　解釈と教材の研究』四四巻八号、学燈社、一九九七年

宮本袈裟雄『天狗と修験者―山岳信仰とその周辺』人文書院、一九八九年
荒俣宏・小松和彦『妖怪草紙―あやしきものたちの消息』工作舎、一九八七年（学研M文庫、二〇〇一年）
岩田重則『戦死者霊魂のゆくえ―戦争と民俗』吉川弘文館、二〇〇三年
百瀬明治『天狗よ！ 変革を仕掛けた魔妖』文英堂、二〇〇一年
田中徳定「天狗伝説」『アジア遊学』七一号、勉誠出版、二〇〇五年

■第一章

内田智雄「張仙」『中国農村の家族と信仰』弘文堂書房、一九四八年（清水弘文堂書房、一九七〇年）
澤田瑞穂「二つの二郎廟―信仰と環境」『中国の民間信仰』平河出版社、一九八二年
斧原孝守「中国少数民族の月食神話」『比較民俗学会報』第一三巻第三号、一九九二年
川野明正「天翔る犬―大理漢族・白族の治病儀礼「送天狗」と「張仙射天狗図」にみる産育信仰」『饕餮』第八号、北海道大学中国人文学会、二〇〇〇年
永尾龍造『支那民俗誌』第六巻、支那民俗誌刊行会、一九四二年（大空社、二〇〇二年）

■第二章

小関真理子「天狗説話考―『今昔』比叡山関係話を中心に」、黒沢幸三編『日本霊異記―土着と外来』三弥井書店、一九八六年
森正人「天狗と仏法」『今昔物語集の生成』和泉書院、一九八六年
山根對助「天狗像前史―今昔物語集へ」、和漢比較文学会編『和漢比較文学研究の諸問題』〈和漢比較文学叢書　第八巻〉汲古書院、一九八八年

松尾美恵子『異形の平家物語―竜と天狗と清盛と』和泉書院、一九九九年
笹本正治『鳴動する中世―怪音と地鳴りの日本史』朝日新聞社、二〇〇〇年
中村禎里「天狗をめぐる禽獣人類」『動物妖怪談』財団法人歴史民俗博物館振興会、二〇〇〇年
佐藤弘夫『偽書の精神史―神仏・異界と交感する中世』講談社、二〇〇二年

■第三章

梅津次郎編『天狗草紙・是害房絵』〈新修日本絵巻物全集27〉角川書店、一九七八年
岡見正雄「天狗説話展望―天狗草紙の周辺」、梅津編『天狗草紙・是害房絵』(前掲)
小松茂美編『土蜘蛛草紙・天狗草紙・大江山絵詞』〈続日本絵巻大成19〉中央公論社、一九八四年(〈続日本の絵巻26〉中央公論社、一九九三年)
原田正俊「天狗草紙にみる鎌倉時代後期の仏法」『仏教史学研究』三七-一号、仏教史学会、一九九四年
若林晴子「『天狗草紙』に見る鎌倉仏教の魔と天狗」、藤原良章・五味文彦編『絵巻に中世を読む』吉川弘文館、一九九五年
同前「天狗と中世における〈悪の問題〉」、今井雅晴編『中世仏教の展開とその基盤』大蔵出版、二〇〇二年
阿部泰郎「『七天狗絵』とその時代」『文学』第四巻第六号、岩波書店、二〇〇三年
小松和彦「天狗と護法童子―『是害房絵詞』」『異界と日本人―絵物語の想像力』角川書店、二〇〇三年

■第四章

後藤淑『民間の仮面』木耳社、一九六九年
五来重「天狗と庶民信仰」、梅津編『天狗草紙・是害房絵』(前掲)

杉浦康平構成『変幻する神々　アジアの仮面』〈熱きアジアの仮面展図録〉日本放送出版協会、一九八一年
森田拾史郎『日本の仮面―神々の宴』東海大学出版会、一九八二年
大隅和雄・速水侑編『源信』〈日本名僧論集　第四巻〉吉川弘文館、一九八三年
森正人「天狗と仏法」『今昔物語集の生成』（前掲）
速水侑『源信』吉川弘文館、一九八八年
上原昭一『伎楽面』〈『日本の美術』二三三号〉至文堂、一九八五年
小松茂美編『春日権現験記絵』上下〈続日本絵巻大成14、15〉中央公論社、一九八二年（〈続日本の絵巻13、14〉中央公論社、一九九一年）
中村保雄『仮面と信仰』新潮社、一九九三年
木下資一「『春日権現験記絵』巻十の天狗説話をめぐって」『日本文化論年報』第二号、神戸大学国際文化学部日本文化論大講座・大学院総合人間科学研究科日本文化論講座、一九九九年
若林晴子「『天狗草紙』に見る園城寺の正統性」『説話文学研究』第三八号、説話文学会、二〇〇三年
牧野淳司「延慶本『平家物語』「法皇御灌頂事」の思想的背景―思想的背景としての『天狗草紙』」『説話文学研究』第三八号（前掲）
佐藤愛弓「真言僧栄海における天狗像―『杲宝入壇記』を中心に」『説話文学研究』第三八号（前掲）

■第五章
周積寅等編著『中国歴代画目大典　戦国至宋代巻』江蘇教育出版社、二〇〇二年
南方熊楠「今昔物語の研究」『南方熊楠全集』第二巻（『南方随筆』）、平凡社、一九七一年
同前「天狗の情郎」『南方熊楠全集』第二巻（『続南方随筆』）（前掲）

同前　「寂照飛鉢の話」『南方熊楠全集』第二巻（『続南方随筆』）（前掲）
中野美代子『中国の妖怪』岩波書店、一九八三年
呂宗力・欒保群『中国民間諸神』台湾学生書局、一九八四年
伊藤清司『中国の神獣・悪鬼たち―山海経の世界』東方書店、一九八六年
劉枝萬「雷神信仰と雷法の展開」『東方宗教』第六九号、日本道教学会、一九八七年
馬書田『華夏諸神』北京燕山出版社、一九九〇年
松本栄一『敦煌画の研究』東方文化学院東京研究所、一九三七年（同明舎出版、一九八五年）
宮治昭「兜跋毘沙門天の成立をめぐって」『国際交流美術史研究会第一〇回シンポジウム　東洋美術における西と東―対立と交流』報告書、一九九二年
同前　「八部衆の源流」、伊東史朗『八部衆・二十八部衆』〈『日本の美術』三七九号〉至文堂、一九九七年
田辺勝美「兜跋毘沙門天像の起源」『古代オリエント博物館紀要』XIII号、一九九二年
同前　「鬼子母神と石榴―研究の新視点」『大和文華』一〇一号、一九九九年
同前　『毘沙門天像の起源』山喜房佛書林、二〇〇六年
北進一「福岡・観世音寺の兜跋毘沙門天像および大黒天像試論」『和光大学人文学部紀要』第三一号、一九九六年
森田喜代美「天狗信仰の研究―迦楼羅炎からの考察」『山岳修験』一九、日本山岳修験学会、一九九七年
松本浩一「雷神―天刑の執行者」『月刊しにか』一九九七年一月号、大修館書店
関根俊一『梵天・帝釈天像』〈『日本の美術』三七五号〉至文堂、一九九七年
李均洋「雷神思想の源流と展開―日中比較文化考」『国際日本文化研究センター第七八回日文研フォーラム』一九九七年
土井淑子『古代中国考古・文化論叢』言叢社、一九九五年

水野さや「中国の八部衆の図像について(1)―四川省の八部衆像の報告をかねて」『名古屋大学古川総合研究資料館報告』一五号、一九九九年
同前「中国の八部衆の図像について(2)―甘粛省敦煌莫高窟・安西楡林窟の八部衆像の報告をかねて」『名古屋大学博物館報告』一六号、二〇〇〇年
富田幸次郎『波士敦美術館所蔵支那画帖―自漢至宋』(*Portfolio of Chinese Paintings in the Museum—Han to Sung Periods*, Harvard University Press, 1933)
井出誠之輔『日本の宋元仏画』〈『日本の美術』四一八号〉至文堂、二〇〇一年
高西成介「雷神の変遷」、中国中世文学会編『中国中世文学研究 四十周年記念論文集』白帝社、二〇〇一年
北進一「八部衆像の起源と成立」『インド考古研究』第二四号、インド考古研究会、二〇〇三年
勝木言一郎・宮下佐江子・菅澤茂『人面鳥と有翼人のイメージにみる東西文化の交流』ソフトマシン、二〇〇三年
吉元昭治『日本神話伝説伝承地紀行』勉誠出版、二〇〇五年
高橋秀榮「新出資料・絵巻物『天狗草紙』の詞書」『駒沢大学仏教学部紀要』五六、一九九八年
同前「絵巻物『天狗草紙』の詞書(続)」『駒沢大学仏教学部紀要』五八、二〇〇〇年
同前「『七天狗絵』の詞書発見」『文学』第四巻第六号(前掲)
阿部泰郎「『七天狗絵』とその時代」『文学』第四巻第六号(前掲)
土屋貴裕「「天狗草紙」の復元的考察」『美術史』第一五九号、美術史学会、二〇〇五年
京極健史「中国における雷神像の変容」『饕餮』第一三号、北海道大学中国人文学会、二〇〇五年
塚本麿充「『海外書』小論―北宋三館秘閣の文物収集の史的意義と美術外交についての一考察」『大和文華』一一五号、大和文華館、二〇〇六年

掲載図版一覧

図1　発行物体〔火球〕の痕跡、藤井旭氏撮影〔『朝日新聞』一九九六年一月八日朝刊〕
図2　隕石騒動を伝える新聞記事〔『朝日新聞』一九九六年一月八日朝刊〕
図3　隕石落下と岡本太郎の死去を伝える新聞記事〔『朝日新聞』一九九六年一月八日朝刊〕
図4　振動を観測した地点と火球の飛行コース〔『朝日新聞』二〇〇三年六月十八日朝刊〕
図5　気象庁のカメラがとらえた火球〔『朝日新聞』二〇〇三年六月二十日夕刊〕
図6　六十年前に落下した隕石〔『朝日新聞』二〇〇四年四月二十二日朝刊「青鉛筆」〕
図7　「祈嗣張仙図」石刻、明〔王樹村編『中国美術全集』絵画編19〈石刻線画〉上海人民美術出版社、一九九三年〕
図8　年画「張仙射天狗」清・光緒年間〔一八七五〜一九〇八〕、山東省濰県、葉又新氏所蔵〔王樹村編『中国美術全集』絵画編21〈民間年画〉上海人民美術出版社、一九八五年〕
図9　蚩尤、武氏祠画像、後漢、二世紀〔傅惜華編『漢代画象全集』二編、巴黎大学北京漢学研究所、一九五一年〕
図10〜16　『是害房絵』鎌倉時代、一三〇八年、曼殊院所蔵〔梅津次郎編『天狗草紙・是害房絵』〈新修日本絵巻物全集27〉角川書店、一九七八年〕
図17、18　『天狗草紙』伝三井寺巻、鎌倉時代、一二九六年、所蔵先不明〔小松茂美編『土蜘蛛草紙・天狗草紙・大江山絵詞』〈続日本絵巻大成19〉中央公論社、

一九八四年）
図19、20『天狗草紙』伝三井寺巻（同前）
図21 絵金「花衣いろは縁起」江戸時代末期、高知県香美市赤岡町本町二区所蔵
図22 歌舞伎「二月堂良弁杉由来」（『演劇界』第三七巻第一二号〈一九七九年十月号臨時増刊〉『歌舞伎名作案内2』演劇出版社）
図23 ノスリ、吉野俊幸氏撮影（吉野俊幸『ヤマケイポケットガイド7 野鳥』山と溪谷社、一九九九年）
図24 トビ（同前）
図25 ハイタカ（同前）
図26 伎楽面・治道、正倉院所蔵（宮内庁蔵版、正倉院事務所編『正倉院宝物』7〈南倉Ⅰ〉毎日新聞社、一九九五年）
図27 伎楽面・酔胡王、正倉院所蔵（同前）
図28、29『春日権現験記絵』鎌倉時代、一三〇九年（『春日権現霊験記』模本、前田氏実・永井幾麻、東京国立博物館所蔵、Image:TNM Image Archives, Source:http://TnmArchives.jp/）
図30『是害房絵』（図11の部分拡大図、一部消去）
図31『是害房絵』（図11の部分拡大図）
図32『是害房絵』（図14の部分反転拡大図）
図33『是害房絵』（図12の部分反転拡大図）
図34、35『天狗草紙』伝三井寺巻（前掲『土蜘蛛草紙・天狗草紙・大江山絵詞』）
図36 伎楽面・迦楼羅、正倉院所蔵（前掲『正倉院宝物』7）
図37 曼荼羅の涅伽多（霹靂）と嗢迦跛多（流星）（石田尚豊『曼荼羅の研究』東京美術、一九七五年）
図38、39 李公麟「為霖図」北宋、台北故宮博物院所蔵（国立故宮博物院編集委員会編『故宮書画図録』巻一、台北故宮博物院、一九八九年）
図40 台南風神廟の雷神（凌志四主編『台湾民俗大観』第三冊、同威図書有限公司、一九八五年）
図41 風神雷神図、孝堂山画像、後漢、一世紀（傅惜華編『漢代画象全集』初編、巴黎大学北京漢学研究所、一九五〇年）
図42 風神雷神図、武氏祠画像、後漢、二世紀（前掲『漢代画象全集』二編）
図43 コウモリの骨格（「乗鞍通信」http://homepage

3.nifty.com/norikura/の「乗鞍のコウモリ・コウモリについて」のページをもとに筆者作図）

図44　伝顧愷之「洛神賦図」北宋模本、北京故宮博物院所蔵（故宮博物院蔵画集編輯委員会編『中国歴代絵画　故宮博物院蔵画集』Ⅰ〈東晋・隋・唐・五代部分〉人民美術出版社、一九七八年）

図45　「洛神賦全図」北宋、北京故宮博物院所蔵（中国古代書画鑑定組編『中国絵画全集』第三巻〈五代宋遼金・2〉、文物出版社、一九九九年）

図46　「人物螺鈿聯」南宋〜元、十三〜十四世紀、個人蔵（渋谷区立松濤美術館編集・発行『開館一〇周年記念特別展　中国の漆工芸』一九九一年）

図47　「水官図」南宋、十二世紀、ボストン美術館所蔵 (Special Chinese and Japanese Fund 12.882, Photograph © 2007 Museum of Fine Arts, Boston. All rights reserved. c/o DNP ARCHIVES)

図48　木彫羽人像、戦国時代、湖北省荊州市天星観二号墓出土、荊州博物館所蔵

図49　西王母と青鳥、綏徳四十里鋪墓門画像、後漢、二世紀、綏徳県博物館所蔵（中国画像石全集編輯委員会編『中国画像石全集』第五巻〈陝西山西画像石〉山東美術出版社・河南美術出版社、二〇〇〇年）

図50　羽民、王圻『三才図会』明・万暦三十八年（一六一〇）刊

図51　「水陸斎儀神像図」石刻、北宋（前掲『中国美術全集』絵画編19）

図52、53　朱玉「掲鉢図」元、浙江省博物館所蔵（中国古代書画鑑定組編『中国絵画全集』第八巻〈元・2〉、文物出版社、一九九九年）

図54　「掲鉢図」元、北京故宮博物院所蔵（中国古代書画鑑定組編『中国絵画全集』第九巻〈元・3〉、文物出版社、一九九九年）

図55、56　「行道天王図」敦煌将来、唐、大英博物館所蔵

図57　「行道天王図」敦煌将来、五代、十世紀中頃、大英博物館所蔵

図58、59　敦煌莫高窟第一四六窟天井画・北方天王像、五代、十世紀

図60　ベゼクリク第九号窟中堂右（北）壁・毘沙門天図、九世紀、ベルリン東洋美術館所蔵（A. von Le

Coq, *Chotscho*, Tafel 33より筆者が作図）

図61　兜跋毘沙門天像、唐、九世紀、東寺所蔵

図62　毘沙門天像版画、敦煌将来、五代、晋・開運四年（九四七）、大英博物館所蔵

図63　ナーギーをさらうカルラ、五世紀以前（栗田功『古代仏教美術叢刊　ガンダーラ美術II　仏陀の世界』二玄社、一九九〇年）

図64　鷲にさらわれるガニュメデス、前四世紀、ローマ、ヴァティカン美術館所蔵

図65　レンブラント「ガニュメデスの誘拐」一六三五年、ドレスデン国立美術館所蔵

図66　迦楼羅像、『覚禅抄』天等部、鎌倉時代

図67〜70　周季常「五百羅漢図」南宋・淳熙五〜十一年（一一七八〜八四）頃、ボストン美術館所蔵（「観舎利光図」General Funds 95.6, Photograph © 2007 Museum of Fine Arts, Boston. All rights reserved. c/o DNP ARCHIVES）

図71　『天狗草紙』伝三井寺巻（図17の部分拡大図）

図72　江南地方と日本（筆者作図）

図73　寧波周辺図（筆者作図）

図74　バリンジャー・クレイター（NASAのサイト http://antwrp.gsfc.nasa.gov/apod/ap990711.html の写真 Barringer Crater on Earth, Credit:D. Roddy [LPI]）

あとがき

本書の第一章冒頭で、一九九六年に茨城県に落ちた隕石を紹介し、それが発した怪音に対する社会の反応について述べた。実は、かくいう筆者も、その爆発音を聞いたひとりである。外出しようと自宅を出てすぐ、不意を突く「ドーン！」というものすごい音に、文字どおり飛び上がらんばかりに驚いた。いままでに聞いたことのない、圧倒的な音であった。

「すぐ近くで大型トラック同士が正面衝突でもしたのか？」と思い、道路に出て見わたしたが、事故らしきものは何もなく、車はスイスイと走っている。「爆発か？」とも思って、空に上がる黒煙を探したが、それもない。「狐につままれた」とは、まさにこういうことかと不思議に思いつつ、とりあえず所用に赴いた。隕石と知ったのは、夜、帰宅して見たテレビニュースによってであった。

これが私の初めての天狗体験である。『史記』天官書の天狗の記録は知っていた。だが、流星がなぜ妖怪と結びつくのか、文献だけではよく理解できず、読んだときに釈然としないものを感じた記憶がある。このとき初めて、原文に記されていた「声」とはこういうものだったのかと実感し、同時に、天狗の本質はこの音なのだという確信を得た。

当時私は、息子が二歳半で、よく絵本を読んであげていた。何度も読まされていたお気に入りの一冊が、『だるまちゃんとてんぐちゃん』（加古里子作・絵、福音館書店、一九六八年）だった。ダルマの子供「だるまちゃん」が、お友達の「てんぐちゃん」の持つ団扇や高下駄、長い鼻などをうらやましく思い、いろいろ工夫して似た物を作っていくという筋立てだ。だるまちゃんは幼児のはずなのに立派なヒゲが生えていて、妙にオヤジ顔なところが可愛かった。読み聞かせるたびに、くだんの天狗体験が心をよぎり、中国古代の流星であった天狗が、なぜ日本を代表する妖怪と化したのかという疑問がふくらんでいった。

お気に入り本の流れで買った続編『だるまちゃんとかみなりちゃん』（加古里子作・絵、福音館書店、一九六八年）では、だるまちゃんが「かみなりちゃん」に天空の雷世界を案内される。雷神は私の研究テーマのひとつで、自分なりのイメージはあった。絵本の雷世界は私の中国風な予想に反して、広大な空間にどこまでも高層ビルや高速道路が続いている未来都市だった。その雄大な光景に、こんどは息子よりも私の方が魅せられて、しばしばひとりで眺め入っていた。そして中国の近世の雷神が日本の烏天狗と同じ姿をしていることに思い至り、何か関係があるのではないかと、にわかに研究意欲が湧いてきたのである。たわいもない私事で恐縮だが、これが私の天狗研究のきっかけである。

私の専門は、一応中国古代美術ということになっている。漢代の画像石への興味から研究者の道を歩み始めたからだ。実際には、これまで扱ってきたテーマの時代は古代から近世におよび、地域も中国だけでなく日本にも手を伸ばしている。絵画あり彫刻あり、仏教あり道教ありで、我ながら何ともとりとめのない観がある。好奇心に導かれつつ、よく知らない分野に踏み込んでいくことを楽しく感じてしまう性癖のゆえであろう。方角もわからず右往左往するうちに、少しずつ道筋が見えてくるときの、ゾクゾクする感覚が、何とも心地よいのである。

また、図像学という、比較的新しい自由な学問手法を学んだことも影響していると思う。作家や時代、ジャンルを超えて、人類文化における形と意味の関係、その発生と継承の過程を追う図像学は、縦割り行政的な従来の学問の枠組みを超えることを比較的容易にしてくれるのである。

人間の文化は部分の集積でなりたっているのではなく、人間的・社会的・国際的ネットワークのなかから複合的に生み出される。ネットワーク全体が作り出す大きな渦のなかに部分は組み込まれており、全体と部分は相互に影響しあう関係にある。ならば天狗はどのような渦のなかの、どの位置に存在するのか。そのことを明らかにするのが本書の使命であった。

「源流はカルラにある」と最初にいったのは南方熊楠である。以来、海外を視野に入れた天狗の源流探しは、ほとんどこのひと言で済ませられてきたといってよい。天狗論が、その主戦場を日本国内に限定した形で終始してきたなかで、本書では、ある程度の史料的裏付けをもって、巨視的な議論の展開を試みたつもりである。

思えば、このテーマに興味を持ってからすでに十一年、大修館書店から出版の慫慂をいただいてから五年以上が過ぎている。例によって、あれこれと雑多な研究に手を染めているうちに、天狗論の方は遅々として進まず、編集部の小笠原周氏には多大なるご迷惑をおかけしてしまった。まず、そのことを氏にお詫びしておきたい。

その間、京極健史氏、東京理科大学の川野明正氏、和光大学の高橋廉氏ほか、多くの方々から貴重なご教示を賜った。記して感謝の意を呈したい。

最後に、またしても私事ではあるが、昨年の七月七日、七夕の日に父が老衰で他界した。遺品を整理するなかで、残された写真は誕生時から息をひきとるまで数百枚がそろい、戦中世代のひとりの男がたどった八十四年の生涯を眺めわたすことができた。

じっと覗き込んでいると、心のなかで写真は映画のように動き出し、あまり語ることのなかった幼少期から青年期の様子がいきいきと伝わってくる。途中から母が登場し、私が生まれ、弟・妹が生まれる。私が大きくなるにつれ、父は年老いていき、小さく細くなっている。すっかり忘れていたその間の出来事も、記憶の底から次々と浮かび上がってきた。

人の一生を小説や映画でたどることはよくあるが、肉親によって初めてそれを実体験すると、感慨はひときわ深いものがあった。また、親としての最後の役目を、いま父は果たしているのだということにも、ふと気づくのである。記して謝意を表し、冥福を祈りつつ、小さな位牌の前に本書を捧げたいと思う。

杉原たく哉

二〇〇七年九月

[著者略歴]

杉原たく哉（すぎはら　たくや）

1954年東京都生まれ。1989年早稲田大学大学院博士課程修了。早稲田大学文学部助手を経て、現在は講師。専門は中国古代美術史だが、専門の枠にとらわれず、日中のさまざまな図像を比較芸術の視点から幅広く研究している。著書『中華図像遊覧』（大修館書店）、『いま見ても新しい古代中国の造形』（小学館）、『しあわせ絵あわせ音あわせ―中国ハッピー図像入門』（NHK出版）、共著書『カラー版東洋美術史』（美術出版社）ほか、共著書・論文・エッセイ多数。

〈あじあブックス〉

天狗《てんぐ》はどこから来《き》たか

NDC380／xii, 250p／19cm

初版第一刷――2007年11月1日

著者――杉原《すぎはら》たく哉《や》

発行者――鈴木一行

発行所――株式会社大修館書店

〒101-8466 東京都千代田区神田錦町3-24

電話03-3295-6231（販売部）03-3294-2353（編集部）

振替00190-7-40504

[出版情報] http://www.taishukan.co.jp

装丁者――下川雅敏

印刷所――壮光舎印刷

製本所――関山製本社

ISBN978-4-469-23303-2　Printed in Japan

アジアの言語・文化・歴史を見つめ直す

[あじあブックス]

044 **闘蟋(とうしつ)**——中国のコオロギ文化 瀬川千秋著 本体一八〇〇円

045 **開国日本と横浜中華街** 西川武臣・伊藤泉美著 本体一七〇〇円

046 **漂泊のヒーロー**——中国武侠小説への道 岡崎由美著 本体一七〇〇円

047 **中国の英雄豪傑を読む**——『三国志演義』から武侠小説まで 鈴木陽一編 本体一七〇〇円

048 **不老不死の身体**——道教と「胎」の思想 加藤千恵著 本体一六〇〇円

049 **アジアの暦** 岡田芳朗著 本体一八〇〇円

050 **宋詞の世界**——中国近世の抒情歌曲 村上哲見著 本体一七〇〇円

051 **弥勒信仰のアジア** 菊地章太著 本体一八〇〇円

052 **よみがえる中国の兵法** 湯浅邦弘著 本体一八〇〇円

053 **漢詩 珠玉の五十首**——その詩心に迫る 荘魯迅著 本体一八〇〇円

054 **中国のこっくりさん**——扶鸞信仰と華人社会 志賀市子著 本体一八〇〇円

055 **空海と中国文化** 岸田知子著 本体一六〇〇円

056 **張説(ちょうえつ)**——玄宗とともに翔た文人宰相 高木重俊著 本体一八〇〇円

057 **南部絵暦を読む** 岡田芳朗著 本体一八〇〇円

058 **道教の神々と祭り** 野口鐵郎・田中文雄編 本体一九〇〇円

059 **纏足(てんそく)の発見**——ある英国女性と清末の中国 東田雅博著 本体一八〇〇円

060 **論語 珠玉の三十章** 卯 和順著 本体一四〇〇円

061 **老荘の思想を読む** 舘野正美著 本体一六〇〇円

定価=本体+税5%(2007年11月現在)